Meine Flucht aus Donington Hall

Vorangegangen ist ein Bericht über die Belagerung von Tsingtau im Jahre 1915

Gunther Plüschow

(Übersetzerin: Pauline De Chary)

Writat

Diese Ausgabe erschien im Jahr 2024

ISBN: **9789359944517**

Herausgegeben von
Writat
E-Mail: info@writat.com

Inhalt

KAPITEL I

Freuden und Leiden eines fliegenden Mannes

Es war im August des Jahres 1913, als ich in meiner Heimatstadt Schwerin ankam. Ich hatte mehrere Wochen in England verbracht, wo ich Tage dem Besuch von Museen und den schönen Kunstsammlungen gewidmet hatte, sowie Ausflügen in die Umgebung der Hauptstadt. Damals ahnte ich noch nicht, wie nützlich mir letztere zwei Jahre später sein würden.

Während der ganzen Fahrt litt ich unter einer inneren Erregung und Unruhe, die ich nicht abschütteln konnte, und als ich in Schwerin ankam, brannte mir nur eine Frage auf den Lippen, die ich jedoch meinem Onkel, der mich vom Bahnhof abholte, nicht zu stellen wagte. Denn jeden Tag konnte die neue Marineliste mit den Beförderungen und Ernennungen für den Herbst veröffentlicht werden, und ich war in gespannter Erwartung, ob sich mein seit Jahren gehegter Wunsch nun endlich erfüllen würde.

Die Frage meines Onkels: „Weißt du, wo sie dich hingebracht haben?" versetzte mir einen elektrischen Schlag.

"NEIN."

„Na dann, herzlichen Glückwunsch – Naval Flying Corps!"

Vor lauter Freude hätte ich am liebsten mitten auf der Straße einen Purzelbaum gemacht, aber ich ließ es bleiben, weil ich Angst hatte, meine Mitbürger zu verärgern.

Also wurde mein Wunsch doch noch erfüllt!

Die letzten Tage meines Urlaubs vergingen wie im Flug, und ich kehrte fröhlich an die Marineakademie zurück, um meine anderthalbjährige Ausbildung als Inspektionsoffizier abzuschließen. Doch nie packte ich meine Koffer mit größerer Freude, als wenn ich mich auf den Weg zu meinem neuen Bestimmungsort machte.

Nur wenige Tage vor meiner Abreise rief mir einer meiner Offizierskollegen zu: „Sagen Sie mal, haben Sie schon die neuesten Nachrichten über Ihr Ziel gehört?"

„Ja, Fliegerkorps."

„Mein Gott, Mann! Du kennst dein Glück nicht – du bist auf dem Weg nach Tsingtau."

Ich war sprachlos und sah wahrscheinlich so dumm aus, wie ich mich fühlte.

„Ja, in Kiautschou! Und in der Fliegertruppe! Du Glückspilz – du bist der Erste Fliegeroffizier der Marine in Kiautschou!"

Es ist kaum überraschend, dass ich es nicht glauben wollte, bis ich die offizielle Bestätigung erhielt. Aber es stimmte. Ich hatte riesiges Glück!

Drei Monate musste ich noch in Kiel warten, doch am 1. Januar 1914 war ich endlich in meinem geliebten Berlin. Doch es gab kein Halten mehr, schon am 2. Januar war ich in Johannisthal und dachte, ich könnte sofort losfliegen. Meine Erfahrung war jedoch die der meisten Flugschüler. Ich lernte zum ersten Mal den altbewährten Grundsatz des Fliegens: „Ruhe bewahren, wer fliegen will, muss vor allem das Warten lernen."

Warten, warten und nochmals warten. 80 Prozent der Wissenschaft des Fliegens besteht aus Warten und Bereitschaft.

Der Winter war gekommen und hatte den Flugplatz mit einem dicken, weißen Teppich bedeckt, der das Fliegen unmöglich machte. Wochenlang hoffte ich jeden Morgen, dass der Schnee endlich schmelzen würde, und jeden Nachmittag kehrte ich enttäuscht nach Hause zurück.

Im Februar änderte sich das Wetter endlich. Am 1. Februar saß ich glücklich in meiner Taube und stieg zum ersten Mal in die herrlich klare Winterluft. Es war jetzt wunderschön und jeden Tag ging unsere Schulzeit voran.

Das Fliegen lag mir, und ich begriff es schnell. Und ich war sehr stolz, dass ich am dritten Tag schon alleine fliegen durfte. Zwei Tage später, an einem schönen Samstagnachmittag, fragte mich mein unermüdlicher Fluglehrer Werner Wieting, ob ich nicht Lust hätte, mit der bestandenen Pilotenprüfung einen netten kleinen Rekord aufzustellen. Ich sagte begeistert zu.

Zehn Minuten später saß ich in meiner Maschine und kreiste fröhlich in den vorgeschriebenen Kurven. Es war eine wahre Freude, in der herrlichen Winterluft weiterzufliegen. Und als ich dann auch noch eine perfekte Landung hinbekam, womit meine Prüfung abgeschlossen war, und mein Lehrer mir stolz die Hand schüttelte und gratulierte, war ich überglücklich und von einem Gefühl innerer Zufriedenheit erfüllt.

Endlich war ich Pilot. Die Schulzeit war vorbei und ich durfte ab sofort täglich auf einer der großen 100 PS Maschinen fliegen.

Ein besonderes Unterfangen sollte mir viel Freude bereiten. Rumpler hatte gerade einen Eindecker fertiggestellt, der speziell für den Steigflug konzipiert war. Nun wurde es unser Ziel, einen Höhenflugrekord zu erzielen. Der berühmte Pilot Linnekogel sollte die Maschine fliegen und bat mich, ihn als Beobachter zu begleiten. Es war nur natürlich, dass ich mit Freuden zustimmte.

An einem der letzten Februartage starteten wir zu unserem ersten Probeflug. Warm eingepackt gegen die bittere Kälte saßen wir in unserer Maschine, und viele Augen folgten uns neidisch, als unser Vogel mit der Leichtigkeit einer Libelle in die Lüfte stieg. Mit der Uhr in der Hand notierte ich die Flughöhe, und nach fünfzehn Minuten hatten wir bereits 2000 Meter erreicht, was damals als außerordentlich gute Leistung galt. Doch danach ging es nur noch langsam voran. Die Atmosphäre wurde holprig, und heftige Wirbel oder Stöße wirbelten uns wie Federn durch die Gegend. Nach einer Stunde hatten wir endlich 4000 Meter erreicht, als mit einem knallenden und stotternden Geräusch der Motor unregelmäßig zu laufen begann und nach wenigen Sekunden ganz aussetzte. Wir sanken nun spiralförmig der Erde entgegen, und einige Minuten später stand die Maschine unversehrt auf dem Flugplatz.

Die Kälte war zu groß gewesen und der Motor war einfach eingefroren – ein Umstand, den niemand vorhergesehen hatte. Neue Verbesserungen wurden umgehend vorgenommen. Nach einigen Tagen begannen wir das gleiche Abenteuer erneut, aber diesmal schien uns mehr Glück bevorzustehen. Wir stiegen stetig und sicher 4000 Meter, 4200, 4500 Meter hoch. Gott sei Dank wurde unser letzter Rekord gebrochen! Die Kälte war nahezu unerträglich und ich bin überzeugt, dass selbst das dickste Fell keinen Schutz dagegen geboten hätte.

4800, 4900 Meter! Noch 400 und unser Ziel war erreicht. Aber die Maschine schien verhext und weigerte sich, auch nur einen Meter weiter zu steigen! Alle unsere Versuche, sie zu einer zusätzlichen Anstrengung zu veranlassen, schlugen fehl. Wir hatten zu wenig Benzin und diesmal versagte der Motor komplett.

4.900 Meter über dem Meeresspiegel! Wir landeten, ohne einen Tropfen Benzin, fast zu Eis erfroren. Wir hatten zwar nicht *alles erreicht*, was wir uns vorgenommen hatten, aber es war ein gutes Ergebnis. Wir hatten den deutschen Höhenrekord gewonnen, und zwar mit Bravour.

Doch der Erfolg machte uns ehrgeizig. Anfang März besserten sich die Wetterbedingungen wieder so weit, dass wir unser Glück noch einmal versuchen konnten. Warmer gekleidet als beim letzten Mal und mit Thermometern, allerdings ohne Sauerstoffgerät, starteten wir zu unserem dritten Versuch.

Die erste Flughöhe erreichten wir mühelos. Der Himmel war mit riesigen Wolken bedeckt, die Luft eisig. Als wir durch die Wolkenbank in den strahlenden Sonnenschein aufstiegen, hatten wir ein wunderschönes Erlebnis. Plötzlich sahen wir einen strahlend leuchtenden Zeppelin, der ebenfalls einen Höhenflug versuchte.

Welch wunderbares Treffen – 3000 Meter über dem Meeresspiegel! Weit weg von der mühseligen Menschheit, hoch über dem täglichen Kampf und Leid grüßten sich die beiden Vögel des Himmels – ein eindrucksvoller Beweis für die Stärke und den Tatendrang Deutschlands.

Wir umflogen unseren großen Bruder mehrmals und winkten ihm zur freundlichen Begrüßung zu.

Aber dann mussten wir uns ernsthaft unserer Aufgabe widmen und hart arbeiten, um unser Ziel zu erreichen. Nach einer Stunde hatten wir eine Höhe von 4800 Metern erreicht, danach 4900, mein Barograph zeigte bald 5000 und der Propeller summte seine monotone Melodie. Linnekogel drehte ruhig und methodisch. Das Thermometer stieg auf 37 Grad Celsius, aber wir achteten nicht auf die Kälte. Nur die Luft wurde dünner. Ein leichtes Gefühl der Schläfrigkeit überkam mich und meine Lungen arbeiteten nur noch in schnellen, kurzen Stößen. Jede Bewegung wurde lästig. Sogar mich nach dem Piloten umzudrehen, der hinter mir saß, schien eine enorme Anstrengung.

Der Himmel hatte sich aufgeklart und sah herrlich aus. Die Wolkenbänke hatten sich aufgelöst, und wir erkannten unsere Hauptstadt weit unter uns in der blauen Ferne wie einen schwarzen Fleck, auf dem wir jedoch noch die gerade Linie der Charlottenburger Chaussee erkennen konnten, die in die Hauptstraße Unter den Linden mündete.

Ich war von diesem Anblick so hingerissen, dass ich eine Zeit lang weder auf die Uhr noch auf den Barographen achtete. Doch plötzlich wurde mir mein Versäumnis mit einem Ruck bewusst. Zwanzig Minuten waren vergangen, seit ich meinen Barographen auf 5000 Meter registriert hatte, und inzwischen hätten wir unseren Rekord gebrochen. Aber ich war furchtbar enttäuscht, als ich sah, dass die Nadel immer noch auf 5000 stand. Gleichzeitig begann Linnekogel mir zu signalisieren, nach dem Flugplatz zu suchen, und zeigte mit der Hand nach unten. Das war zu schade. Ich wandte mich angewidert ab, und als Linnekogel es nicht bemerkte, trat ich ihm nicht gerade sanft gegen das Schienbein. Ich spreizte ebenfalls meine fünf Finger und zeigte nach oben. Das bedeutete: Höher, höher! Wir haben erst 5000 Meter erreicht!

Linnekogel lachte nur. Er packte meine Hand, schüttelte sie kräftig und öffnete und schloss die fünf Finger seiner rechten Hand zweimal. Ich dachte wirklich, er sei verrückt geworden. Und was mich in meiner Meinung bestätigte, war, dass Linnekogel den Motor drosselte. Wir befanden uns knapp über Potsdam und glitten auf den Flugplatz Johannisthal zu. Meine Aufgabe war es nun, den Landeplatz zu finden. Und sechzehn Minuten später standen wir wohlbehalten vor den Rumpler-Hallen, von den Zuschauermassen freudig bejubelt.

Es war geschafft! Mit 5500 Metern wurde der Weltrekord gebrochen.

Der Flug hatte insgesamt nur eine Stunde und 45 Minuten gedauert. Stolz standen wir zwischen unseren weniger glücklichen Mitmenschen, die auf festem Boden geblieben waren. Linnekogel hatte recht. Mein Barograph war gefroren, während seiner – besser geschützt – der hohen Temperatur standhielt.

Die Tage vergingen und die Zeit kam, als ich mein Land verlassen musste.

Meine eigens für Tsingtau konstruierte Taube war fast fertig, und mit einem merkwürdigen Gefühl unternahm ich sie zu ihrem Probeflug, nachdem sie die erforderlichen Abnahmebedingungen erfüllt hatte. Ich war mir bewusst, dass es die schönste Flugmaschine der Welt war.

Doch mein Ehrgeiz war noch nicht verwirklicht. Es schien mir unabdingbar, vor meiner Abreise nach Fernost noch einen wichtigen Überlandflug in Deutschland durchzuführen.

Ich hatte Glück. Meine Bitte stieß bei Herrn Rumpler auf große Resonanz und er gestattete mir freundlicherweise, eines seiner Flugzeuge für einen mehrtägigen Flug über Deutschland zu benutzen. Ich bestand rasch meine Prüfung zum Feldpiloten und saß Ende März, eines schönen Morgens um 7 Uhr, in meiner gut ausgerüsteten Taube, und vor mir, groß und schlank, mein guter Freund Oberleutnant Strehle von der Kriegsakademie als Beobachter.

Es war das erste Mal, dass er in einem Flugzeug saß. Aber ich glaube, seinen ersten Flug wird er sein Leben lang nicht vergessen.

Der Start war glänzend. Stolz hob ich ab, bis ich auf 500 Metern Höhe in nördlicher Richtung weiterflog. Alles ging gut. Wir flogen über die Havelseen, sahen Nauen, aber plötzlich wurde die Luft dick und trüb, und unser Pech setzte ein. Wir waren in dichten Nebel gehüllt und konnten nichts vom Boden sehen. Für den ersten Überlandflug meines jungen Lebens war das eine große Herausforderung. Aber mit der feinen Zuversicht des Neulings tröstete ich mich mit dem Gedanken, dass Mut alles ist – auch wenn es nicht anders konnte, als schlimmer zu werden! Und ich flog ruhig in den dichten Nebel hinein, mich nach meinem Kompass nach Norden orientierend, denn unser Ziel war Hamburg. Nach zwei Stunden konnten wir 300 Meter unter uns wieder den Boden erkennen, und wer kann unsere Freude beschreiben, als wir ein schönes, großes, gepflügtes Feld erblickten! Ich glitt sanft herab, als wäre es ein Flugplatz, und landete sicher und wohlbehalten mitten auf dem Feld. Von allen Seiten kamen Leute angerannt, und meine Freude war groß, als ich erfuhr, dass wir uns auf gutem mecklenburgischen Boden befanden, und zwar genau dort, wo wir uns nach meinen und den Berechnungen meines Beobachters zu befinden erwartet hatten. Es war ein Feiertag, und wir boten den Dorfbewohnern eine kostenlose Unterhaltung.

Sobald es aufklarte, beschlossen wir, loszufahren. Aber der weiche Boden hielt die Räder fest, und es war unmöglich, aufzustehen. Unter fröhlichem Geschrei und vielen derben Scherzen, die wir hinnehmen mussten, rollten die willigen Zuschauer den riesigen Vogel über das Feld.

Nachdem wir ein paar Bäume gefällt hatten, mussten wir einen Graben und ein weiteres Feld überwinden. Obwohl wir nun aufbrechen wollten, wurde uns dies erst nach dem Genuss von ausgezeichnetem Kaffee und Sandkuchen gestattet.

Nachdem wir uns alle kräftig die Hände geschüttelt hatten, uns endlos „Hurra" heiser geschrien und dabei viel mit Taschentüchern gewedelt hatten, nahmen wir Kurs auf den Norden.

Doch die Freude währte nicht lange, denn eine Viertelstunde später steckten wir wieder mitten in grauen Nebelbänken. Nach zwei Stunden wurde mir die Situation unangenehm, denn der verfluchte Motor fing an zu stottern und zu spucken und hatte entweder 500 Umdrehungen zu wenig oder 200 zu viel.

Ich überprüfte mein Fahrwerk und die Ventile und stellte zu meinem Entsetzen fest, dass mein Benzinvorrat mit erschreckender Geschwindigkeit zur Neige ging. Ich hielt meine Maschine so gut wie möglich im Gleichgewicht und glitt auf eine Höhe von 300 Metern hinunter.

Aber, oh Gott! Der Nebel lichtete sich ein wenig und ich konnte sehen, wo ich war – genau über der Alster in nur 300 Metern Höhe, und das mit einem trockenen Motor und ohne zu wissen, wo ich nach dem Flugplatz Fuhlsbüttel suchen sollte. Es gab nur eines zu tun – und das war, Ruhe und Gelassenheit zu bewahren! Vor allem, aus der Stadt herauszukommen und so zu vermeiden, Menschenleben zu gefährden. Ich schrieb diese Worte mit Bleistift auf einen Zettel und gab sie meinem Beobachter: „Wir müssen innerhalb von fünf Minuten landen, sonst nehmen wir ein kaltes Bad, denn wir haben kein Benzin mehr." Er blickte um sich und zeigte plötzlich freudig auf einen Friedhof, der direkt unter uns lag. Guter alter Kerl! Er hatte keine Ahnung von unserer misslichen Lage und konnte nicht erraten, welche unbewusste Ironie hinter seiner Geste steckte.

Wir waren bereits 200 Meter tief. Der Motor lief nur noch ruckartig, der Benzinstand zeigte 10 Liter. Aber ich war zufrieden. Denn wir hatten die Stadt nun hinter uns gelassen, und obwohl eine sanfte Landung inmitten dieser Vorstadtgärten unmöglich war, hoffte ich zumindest, niemanden umzubringen. In solchen Momenten kommt mir jede Sekunde wie eine Ewigkeit vor, und meine Gedanken jagten sich durch mein Gehirn. Aber mehr denn je musste ich eiserne Entschlossenheit und Selbstbeherrschung zeigen.

Mein Beobachter begann plötzlich mit der Hand zu wedeln und nach vorne zu zeigen. Und selbst jetzt kann ich seine funkelnden Augen sehen, die mich durch seine Schutzbrille anstrahlen.

Vor uns lagen die Hallen des Flugplatzes Fuhlsbüttel, schimmernd in den Strahlen der untergehenden Sonne und schwach umhüllt vom Nebel.

Hurra! Wir wurden gerettet.

Wer kann meine Freude beschreiben? Mit meinem letzten Liter Benzin drehte ich eine Schleife um den Flugplatz und landete in einer steilen Spirale nach unten.

Vor lauter Freude wäre ich meinem Beobachter fast um den Hals gefallen. Der liebe alte Kerl hatte keine Ahnung von der Gefahr, in der wir uns befunden hatten, und war sehr überrascht, als ich ihm davon erzählte. Selbst jetzt, wo ich weiß, was Fliegen bedeutet, läuft es mir kalt den Rücken runter, wenn ich an diesen ersten Flug denke. Bald fand ich heraus, was passiert war. Der untere Teil des Vergasers war beschädigt, und bei jedem Dröhnen des Motors lief das Benzin durch den Riss. Dies erklärte auch das schnelle Absinken des Benzins und das unregelmäßige Arbeiten des Motors. Warum es kein Feuer gab, kann ich bis heute nicht verstehen.

Nach drei Tagen bei lieben Freunden in Bremen ist der neue Vergaser in Hamburg angekommen. Nun wollten wir weiter zu unserem nächsten Ziel – Schwerin in Mecklenburg.

An einem regnerischen, stürmischen Nachmittag machten wir es uns in unserem voll ausgestatteten Flugzeug bequem. Ich startete den Motor und gab Vollgas.

Heute würde ich bei solchem Wetter nur fliegen, wenn es unbedingt sein muss. Aber damals war ich noch von der ganzen *Naivität* und Begeisterung eines jungen Piloten erfüllt. Doch die Neuerungen ließen nicht lange auf sich warten. Die Maschine, die zu schwer beladen war, konnte nicht steigen – Windböen warfen sie wie einen Ball hin und her – und ich wäre gern umgekehrt. Aber in dieser Höhe war das unmöglich.

Und nun kamen die ersten Häuser Hamburgs - es war unmöglich, darüber hinwegzukommen. Ich flog in 60 Metern Höhe, als ich ein kleines Feld sah. Ich drosselte meinen Motor und bereitete mich auf die Landung vor, aber im selben Moment geriet ich in einen Sturm und spürte, wie das Flugzeug unter mir wegrutschte. Der Gedanke ging mir durch den Kopf: „Vorsicht, du fällst!" und ich gab kurz Gas, um den Stoß abzumildern. Aber im selben Moment spürte ich einen heftigen Ruck und die Maschine stand auf dem Kopf, als ob jemand sie nach unten kippen würde.

Was dann geschah, dauerte nur Sekunden. Ich zog an meinem Hebel, stellte das Benzin ab und bekam gleichzeitig einen heftigen, heftigen Schlag. Ich klammerte mich krampfhaft an mein Lenkrad, flog durch die Luft und schlug mit dem Kopf gegen ein Teil der Maschine.

Um mich herum herrschte Totenstille.

Tiefe Dunkelheit, aus der ich nur aufwachte, als ich spürte, wie mir ein Schwall stechender Flüssigkeit ins Gesicht strömte.

Ich lag reglos da, den Kopf nach vorn gedrückt, den Körper zusammengekauert, die Füße herausgestreckt. Doch plötzlich wurde mir meine Lage mit einem Ruck bewusst, und in der Angst, die Maschine könne jeden Moment Feuer fangen, versuchte ich mich aus meiner verkrampften Position zu befreien, bis es mir gelang, die Zündung auszuschalten. Schließlich erlangte ich allmählich mein volles Bewusstsein zurück und dachte zuerst an meinen armen Beobachter. Ich war überzeugt, dass er, da er vorne saß, die Hauptlast des ersten Stoßes abbekommen haben musste und wahrscheinlich zu Brei zerquetscht worden war, da der Rumpf beim Aufprall zersplittert war. Als kein Laut die Stille durchbrach, schnappte ich schließlich nach Luft – denn ich war so eingezwängt, dass ich kaum atmen konnte:

„Strehlchen, lebst du?"

Eine schreckliche Pause; keine Antwort.

Als ich meine Frage wiederholte, hörte ich schließlich: „Sagen Sie mir, was ist passiert? Es ist ganz dunkel hier – es *muss etwas* passiert sein!"

Ach, wie froh war ich! Ich rief mit aller Kraft: „Strehlchen, Mensch, du lebst noch, das ist alles, was zählt! Und deine Knochen? Sind sie ganz?" Aber der arme Kerl lag so zusammengekauert da, dass er nur keuchen konnte: „Ich weiß es nicht. Wir werden es später sehen."

Wieder herrschte Stille. Das Benzin floss in einem satten Strahl aus dem Tank, der sein volles Fassungsvermögen von 170 Litern hatte. Doch nach einer Zeit, die wie eine Ewigkeit schien, klopfte jemand draußen, und eine Stimme aus weiter Ferne drang zu uns herüber:

„Na, lebt noch jemand?"

„Ja", rief ich, „aber beeil dich, sonst ersticken wir hier."

Wir hörten, wie die Maschine angehoben wurde, dann das Knirschen von Spaten und schließlich wehte uns ein frischer Luftzug entgegen.

„Halt fest!", rief Strehle. „Versuch es mal andersherum, sonst brichst du mir den Arm."

Unsere Helfer folgten meinen Anweisungen, und schließlich wurde ich von meinem Sitz hochgehoben und lag sanft und entspannt auf einem stinkenden Misthaufen. Der langbeinige Strehle kletterte sofort aus dem Schutt, und ich habe selten mit mehr Freude die Hand geschüttelt als die meines treuen Beobachters.

Verdammt noch mal! Es sah wirklich schlimm aus. Die Maschine war völlig umgekippt und tief in den weichen Mist eingesunken. Der Rumpf war an drei Stellen gebrochen, die Flugzeuge waren zu einem Wirrwarr aus Holz, Stoff und Draht geworden.

Aber wir beide waren glücklich aus der Sache herausgekommen. Strehle hatte sich den Rücken leicht verrenkt und ich hatte mir nur zwei Rippen gebrochen. Das war alles. Nie wieder habe ich einen Misthaufen verachtet. Möge dieser und seinesgleichen für immer gedeihen. Traurig und hinkend legten wir den Rest der Rückreise mit dem Zug zurück. Danach jedoch genossen wir viele Tage voller Sonnenschein und Licht, voller glücklicher Erlebnisse und glücklicherer Erinnerungen, die wir wie Blumen von seltener Schönheit und Blüte sammelten.

Und dann rief die Pflicht und die eigentliche Reise begann.

KAPITEL II

SCHÖNE TAGE IN KIAO-CHOW

Tagelang brachte mich der Zug immer weiter durch die Steppen und Wüstengebiete Russlands meinem Ziel entgegen – dem Fernen Osten.

Endlich Mukden! Bald passierten wir Peking. Dann – Osinanfou! Die ersten deutschen Töne drangen wieder an mein Ohr. Und dann fuhren wir zehn Stunden lang durch eine wunderschön kultivierte Landschaft voller Gärten, Felder und Blumen, und schließlich fuhr der Zug langsam in den Bahnhof von Tsingtau ein.

Ich sah es also nach sechs Jahren wieder! Wieder einmal stand ich auf deutschem Boden, in einer deutschen Stadt im Fernen Osten!

Meine Offizierskollegen nahmen mich in Empfang. Die mongolischen Ponys tänzelten davon und trugen mich in mein neues Zuhause.

Zunächst fuhren wir zum Iltis-Platz, der unsere Rennstrecke war und zugleich mein Flugplatz werden sollte. Er war festlich geschmückt, denn ganz Tsingtau hatte sich versammelt, um ein großes Fußballspiel zwischen deutschen Matrosen und ihren englischen Kameraden vom englischen Flaggschiff *Good Hope anzuschauen* .

Letzterer war zu Besuch in Tsingtau, das Spiel war brillant und endete unentschieden – 1:1.

Wer hätte das vorhersehen können? Knappe sechs Monate später standen sich diese Gegner in einem schrecklichen Spiel gegenüber, bei dem es nur zwei Ausgänge gab: Sieg oder Tod. In der Schlacht von Coronel schickten die deutschen Matrosen das englische Flaggschiff *Good Hope* innerhalb von 27 Minuten in den Untergang auf dem Grund des Pazifiks.

Doch an diesem Tag wusste niemand von den bevorstehenden Ereignissen und die deutschen Seeleute, durch das Band aufrichtiger Freundschaft vereint, luden ihre englischen Gäste in ihre Quartiere ein. Zwei Tage später verließ das englische Geschwader unseren Hafen, gefolgt von unserem Kreuzergeschwader unter Admiral Graf von Spee.

Die Flaggen flatterten fröhlich im Wind und übermittelten die Signale der beiden kommandierenden Admirale: „Lebe wohl – bis zum nächsten Mal!"

Wer hätte vorhersehen können, dass es in Coronel passieren würde?

Gleich nach meiner Ankunft und nachdem ich mich offiziell gemeldet hatte, sah ich mich nach meinem Flugzeug um, in der Hoffnung, den erstaunten

Bürgern von Tsingtau meinen schönen Riesenvogel zeigen zu können. Aber –! Ich musste meinen Eifer zügeln, denn meine Maschine segelte munter um Indien herum und der Dampfer sollte erst im Juli eintreffen. „Was nicht geheilt werden kann, muss ertragen werden", sagte ich mir und hatte nun genügend Zeit, mich in Tsingtau umzusehen und ein Haus auszusuchen. Eine entzückende kleine Villa, ganz in der Nähe des Flugplatzes, stand frei und ich nahm sie sogleich mit meinem neuen Kameraden Patzig in Besitz. Ich hatte nun alles, was mich glücklich machte: mein ausgezeichnetes Quartier in Tsingtau – diesem Paradies auf Erden –, Arbeit nach meinem Herzen und als Krönung dieses reizende Haus, hoch oben auf einer Anhöhe gelegen, mit einer lieblichen Aussicht auf den Iltis-Platz und das ferne, dunkelblaue Meer. Außerdem gehörte ich zur Kavallerieabteilung und drei glückliche Jahre lagen vor mir. Wer könnte zufriedener sein als ich? Ich machte mich nun daran, mein Haus einzurichten. Ich hatte eine große Anzahl von Tellern mit Innendekorationen, und mit diesen besuchte ich einen chinesischen Tischler und bestellte die Möbel. Es ist erstaunlich, mit wie viel Geschick die Chinesen unsere Modelle nachahmen können, in wie kurzer Zeit und wie billig. Als vier Wochen später alles in Ordnung war, die verschiedenen Stücke an ihrem richtigen Platz standen und das ganze Haus vor Sauberkeit glänzte, nahmen die Hausherren stolz ihren neuen Wohnsitz in Besitz. Es fehlte an nichts. Sogar Diener waren vorhanden. Wenn ein Europäer bei den Chinesen gut dastehen will, muss er sich mit einer beträchtlichen Anzahl chinesischer Diener umgeben; und man kann behaupten, dass es praktisch die moralische Pflicht eines jeden Europäers ist, dies zu tun.

Unser Personal bestand aus Maurice, dem Koch in seinem hübschen blauen Seiden-Ishang, Fritz, dem Mafu (Pferdepfleger), mit einem ständigen Grinsen im Gesicht, der aber sehr um das Wohlergehen seiner Pferde besorgt war, Max, dem Gärtner, der faul wie eine Schnecke war, und August, dem kecken kleinen „Jungen".

Hinzu kommen noch „Herr" Dorsch und „Herr" Simon.

Diese beiden Herren waren unsere Burschen, die den Brauch des Fernen Ostens, dass ein Europäer in Gegenwart eines Chinesen keine körperliche Arbeit verrichten darf, voll ausnutzten.

Unser Haus war von einem großen Garten umgeben, in dem sich auch die Ställe, das Kutschenhaus, die Garage und die Hütten der Chinesen befanden. Das Wichtigste für mich war mein Hühnerstall. Sobald ich ankam, kaufte ich mir eine brütende Henne, gab ihr ein Dutzend Eier zum Ausbrüten und als wir unser Haus betraten, hatten wir bereits sieben Hühner.

Geflügel ist in China billig. Das Huhn kostete vier Pence, eine Ente oder eine Gans einen Schilling, und in kurzer Zeit hatte ich einen Geflügelhof mit fünfzig Vögeln.

Und da ich auch Kavallerist geworden war, hatte ich mir natürlich ein Pferd zugelegt. Einer meiner Freunde hatte einen tollen kleinen Rotschimmel. Wir machten bald unseren Handel klar und „Fips" wurde in meinen Stall gebracht. „Fips" war ein entzückendes Tier, ein gutes Dienstpferd, aber auch ausgezeichnet für die Jagd und Polo geeignet, was ihn nicht davon abhielt, mich zu Beginn der Belagerung von Tsingtau im Stich zu lassen. Ich war am Tag vor unserer Einsperrung in der Festung in das Gebiet geritten und er hatte Angst vor einem Granatsplitter, der in unserer Nähe explodierte, und rannte deshalb zum Feind.

Das Leben im Osten war für die Europäer sehr eintönig. Kaum Gesellschaft, keine Musik, kein Theater – Dinge, die man vermisst. Der einzige Trost ist, dass man besser lebt als zu Hause, und der Sport macht vieles wieder wett. Ich begann mit Begeisterung Polo zu spielen, und sobald ich mich an das ungewöhnliche Stampfen und Werfen gewöhnt hatte, dem mich mein Pferd aussetzte, war ich sehr erfolgreich.

Mitte Juli wurde meine Sehnsucht durch die Ankunft des Dampfers gestillt, der die Flugzeuge brachte. Sobald die riesigen Kisten am Kai standen, waren meine Leute schon damit beschäftigt, meine armen, für Sonne und Luft geborenen Vögel aus ihren dunklen Gefängnissen zu befreien. Da sie zu schwer waren, musste das Auspacken an Ort und Stelle erfolgen. Die chinesische Menge stand um uns herum und gaffte. Als wir alles aus den Kisten geholt hatten, bildete sich ein Triumphzug, der die beiden Flugzeuge, dann drei Fahrzeuge mit den Flugzeugen und zwei weitere mit den Einzelteilen trug. Die Pferde rannten los, und wir zogen stolz durch die Straßen von Tsingtau und erreichten im Triumph den Flugplatz des Iltis-Platzes.

Nun war es mit dem Frieden vorbei. Tag und Nacht wurde an der Montage der Maschine gearbeitet, und zwei Tage später, im frühen Morgengrauen, als noch niemand wach war, stand mein Flugzeug bereit auf dem Flugplatz, und ich gab Vollgas und schoss in die klare Seeluft hinaus.

Meinen ersten Flug in Tsingtau werde ich nie vergessen. Der Flugplatz war außerordentlich klein, nur 600 Meter lang und 200 Meter breit, voller Hindernisse, umgeben von Hügeln und Felsen. Wie sehr Start und Landung dadurch erschwert wurden, erfuhr ich erst später. Mein Freund Clobuczar, ein österreichischer Ex-Flieger, der jetzt auf der *Kaiserin Elisabeth diente*, sagte einmal zu mir: „Nennen Sie das einen Flugplatz? Das ist bestenfalls ein Kinderspielplatz. Ich habe noch nie jemanden gesehen, der auf so engem

Raum fliegen könnte." Ich empfand es genauso. Und in Deutschland hätte ich ihn nur für eine Notlandung nutzen sollen.

Aber nichts war zu machen. Es war der einzige Ort im ganzen Protektorat; der Rest bestand aus wilden Bergen, die von tiefen Schluchten durchzogen waren. Aber an diesem herrlichen, sonnigen Morgen dachte ich nur an meinen Flug und schreckte die friedlichen Bewohner von Tsingtau mit dem Summen meines Propellers aus ihrem Schönheitsschlaf. Als es dann aber zur Landung kam, fühlte ich mich ein wenig merkwürdig, denn das Feld war ausgesprochen klein, und ich kreiste langsam herum und kam immer tiefer – und schob so den kritischen Moment hinaus. Ich konnte jedoch nicht ewig in der Luft bleiben, also riss ich mich zusammen, stellte den Motor ab und stand einen Moment später nach einer sicheren Landung auf dem Feld. Jetzt wusste ich, wo ich war. Und den Rest des Morgens verbrachte ich in meinem Flugzeug.

Danach standen mir weitere Arbeiten bevor. Die zweite Maschine, ebenfalls eine Rumpler-Taube, die mein Kollege Leutnant Müllerskowski vom Marinebataillon fliegen sollte, musste aufgerichtet und betriebsbereit gemacht werden. Nach zwei Tagen, am 31. Juli 1914, war sie nachmittags fertig. Müllerskowski bestieg sein Flugzeug und hob nach meinen Abschiedsanweisungen, die auf meinen bisherigen Flugplatzerfahrungen beruhten, ab.

Aber das Glück war ihm nicht hold.

Seine Maschine war nur wenige Sekunden in der Luft und hatte gerade eine Höhe von 50 Metern erreicht – den kritischen Punkt, an dem Flugplatz und feste Erde in einer steilen Klippe enden, die senkrecht ins Meer abfällt – als sie sich plötzlich auf den Flügeln überschlug und wir beobachten konnten, wie sie mit erschreckender Geschwindigkeit auf die Felsen zusteuerte.

Wir eilten so schnell wir konnten zur Stelle. Es sah schlimm aus. Die Maschine war völlig zerstört, und zwischen den Trümmern fanden wir Müllerskowski. Wir brachten ihn schwer verletzt ins Lazarett, wo er bis kurz vor Ende der Belagerung liegen blieb. Von dem Flugzeug war nichts mehr übrig.

Inzwischen war der Juli angebrochen und brachte das schönste Wetter, den strahlendsten Sonnenschein und den blauesten Himmel mit sich. Es war der beste Monat für Tsingtau.

Die Badesaison war auf ihrem Höhepunkt. Viele bezaubernde Damen, hauptsächlich aus den europäischen und amerikanischen Siedlungen in China und Japan, besuchten das „Ostende des Fernen Ostens" und genossen die Schönheit von Tsingtau.

Unterhaltung war angesagt. Motorfahrten, Reitausflüge, Polo und Tennis füllten die freien Stunden, und abends war Tanzen unangefochten angesagt. Unter den Frauen waren viele Engländerinnen, und unsere Beziehungen waren äußerst angenehm und herzlich.

Anfang August hatten wir den English Polo Club in Shanghai zu einem Match herausgefordert, als am 30. Juli – wie aus heiterem Himmel – der Befehl kam, uns vor „Kriegsgefahr!" zu warnen.

KAPITEL III

Kriegsgefahr – Meine Taube

Ich erinnere mich daran, als wäre es gestern gewesen. In den frühen Morgenstunden traf ein Ordonnanzoffizier in unserer Villa ein und überbrachte Patzig und mir den Befehl, uns sofort beim Divisionskommandeur zu melden, da „Schutz" angeordnet worden sei. Wir dachten natürlich, dies sei nur ein Manöver und begaben uns murrend zu unserem Treffpunkt. Doch dort erhielten wir die Bestätigung der kaum glaubhaften Nachricht. Und, immer noch voller Zweifel, eilten wir zu unseren Batterien und begannen mit den notwendigen Vorbereitungen.

Der am nächsten Tag eintreffende Befehl „Drohende Kriegsgefahr" brachte uns endlich Gewissheit. Ihm folgte am 1. August die Mobilmachung, am 2. die Kriegserklärung an Russland und am 3. jene an Frankreich.

Es ist unmöglich, jene Tage zu beschreiben. Und zwar aus folgendem Grund: Wir waren eine deutsche Kolonie, eine deutsche Festung, und der größte Teil der Bevölkerung von Tsingtau bestand aus Offizieren und Soldaten. Außerdem war Tsingtau äußerlich betrachtet international geworden. Russen, Franzosen und Engländer lebten als unsere Gäste bei uns. Es herrschte ein Wechselspiel der Meinungen und Gefühle, wie man es anderswo kaum hätte finden können.

Die Hauptfrage – ich möchte sagen *die* Frage –, die uns alle beschäftigte, war: Wird es einen Krieg mit England geben? Nur diejenigen, die im Osten gelebt haben, können beurteilen, was diese Frage für uns bedeutete.

Am 2. August wurden wir über unser Angebot an England informiert. Ich ritt an diesem Tag mit einer englischen Dame aus, und es war natürlich, dass dieses Thema das Hauptgesprächsthema war. Meine Begleiterin war wie alle ihre Freunde der Meinung, dass ein Krieg zwischen England und Deutschland undenkbar sei, da dies das Todesurteil für das Ansehen der weißen Rasse wäre und dem gelben Japsen die Gelegenheit gäbe, die Früchte unserer Zwietracht zu ernten.

Natürlich waren wir mit diesem Eventualfall beschäftigt. Die Spannung war noch größer als in den ersten Tagen der Mobilmachung. Und als wir am 4. August die Nachricht bekamen, dass England der Krieg erklärt worden war, war das eine Erlösung – in Europa waren die Würfel gefallen!

Man kann nicht behaupten, wir hätten uns besonders glücklich gefühlt, im Gegenteil. Immer wieder wurde uns bewusst, dass wir weit weg in Tsingtau waren, während zu Hause diese Glückspilze, unsere Brüder und Kameraden, die glorreichen Tage der Mobilmachung in vollen Zügen genossen. *Sie* zogen in den Krieg gegen eine Welt von Feinden, *sie* sollten unser heiliges und geliebtes Vaterland, ihre Frauen und Kinder verteidigen dürfen, während wir hier saßen und ihnen nicht helfen konnten! Allein dieser Gedanke machte uns wahnsinnig. Denn wir wussten, dass weder Engländer, Russen noch Franzosen, die uns zahlenmäßig weit überlegen waren, den Mut finden würden, uns hier anzugreifen. Doch die Hoffnung blieb: „Vielleicht tun sie es doch!" Oh, was für einen herzlichen Empfang hätten wir ihnen bereitet!

Natürlich dachte niemand auch nur eine Sekunde an Japan!

Bei all der Arbeit, die die Mobilisierungstage mit sich brachten, vergaßen wir unsere Gäste nicht. Fast alle von ihnen waren Feinde, aber sie blieben unsere Gäste.

Ihre Aufregung war verständlich. Umso mehr, als uns bereits Nachrichten über die absolut brutale Behandlung der Deutschen durch die Engländer in den britischen Kolonien erreichten.

Dass wir die Beziehungen zu den Ausländern abbrachen, war eine Selbstverständlichkeit, aber auch – und darauf möchte ich die Engländer besonders hinweisen – dass wir alle ausländischen Untertanen mit der Rücksicht behandelten, die man nur von „Hunnen" erwarten konnte.

Den Ausländern wurde mitgeteilt, dass sie ungehindert in Tsingtau bleiben oder von dort abreisen könnten und dass der Gouverneur ihnen rechtzeitig mitteilen würde, wann sie die Kolonie verlassen müssten. Es wurde lediglich darum gebeten, dass sich niemand außerhalb der Stadtgrenzen bewegen, sich den Befestigungen nähern oder Spionage betreiben sollte. Wer möchte dies mit dem Verhalten unserer lieben Vettern in Hongkong und an so vielen anderen Orten der Welt vergleichen? Alle, die diese Erfahrungen gemacht haben, könnten Bände darüber schreiben. Ein Trost blieb uns: das Daily Wireless aus der Heimat!

Es ist schwer zu beschreiben, mit welcher Freude wir diese Nachricht erhielten. Normalerweise kamen die Telegramme abends an, wenn wir in unserem kleinen Kasino saßen und unser einziges Gespräch der Krieg war. Als uns die glorreiche Nachricht des Sieges erreichte, kannte unser Jubel keine Grenzen. Aber trotzdem empfanden wir eine enorme Traurigkeit – denn wir waren nicht bei unseren Heimatarmeen!

Der 15. August kam und mit ihm eine Mitteilung von solch enormer Tragweite, dass wir an der Wahrheit dessen zweifelten, was wir lasen.

Es lautete wie folgt:

SONDERAUSGABE

„Um einen sicheren und dauerhaften Frieden im Fernen Osten aufrechtzuerhalten und im Einklang mit dem englisch-japanischen

Allianzvertrag zu handeln, halten wir es für äußerst wichtig und notwendig, zum gegenwärtigen Zeitpunkt alle notwendigen Maßnahmen zu ergreifen, um alle Ursachen zu beseitigen, die den Frieden gefährden könnten.

„Erstens müssen die deutschen Kriegsschiffe, auch bewaffnete Schiffe aller Art, sofort aus den japanischen und chinesischen Gewässern abgezogen und diejenigen Schiffe, die nicht abgezogen werden können, verschrottet werden.

Zweitens, das gesamte Protektorat Tsingtau unverzüglich – spätestens bis zum 13. September – ohne Bedingungen oder Entschädigungsansprüche an die kaiserlich-japanischen Behörden zu übergeben, mit der Aussicht, es schließlich an China zurückzugeben.

„Die Kaiserlich Japanische Regierung gibt gleichzeitig bekannt, dass sie sich verpflichtet sieht, die der Situation entsprechenden Maßnahmen zu ergreifen, sollte sie von der Kaiserlich Deutschen Regierung bis zum 23. August 1914 eine andere als eine bedingungslose Zustimmung zu allen oben genannten Bedingungen erhalten.“

Unser Gouverneur hatte Folgendes geschrieben:

„Es ist eine Selbstverständlichkeit, dass wir niemals zustimmen können, Tsingtau an Japan abzutreten, ohne das Schwert zu ziehen. Die Leichtfertigkeit der japanischen Forderung lässt nur eine Antwort zu. Aber sie bedeutet, dass wir mit der Eröffnung der Feindseligkeiten nach Ablauf des festgelegten Datums rechnen müssen. Es wird ein Kampf auf Leben und Tod sein.

„Angesichts der Schwere der Lage müssen wir unverzüglich mit der Evakuierung von Frauen und Kindern fortfahren. Unsere Regierung wird daher ein Dampfschiff zur Verfügung stellen, das für die Aufnahme von 600 Passagieren bereit ist, um sie noch heute, Freitagmorgen, nach Tientsin zu bringen. Alle, die nicht hier bleiben möchten, sollten diese Gelegenheit sowie die Züge, die noch auf der Shantung-Linie verkehren, nutzen.

„Kiao-Chow - Freigabe zum Einsatz!“

Wir wussten jetzt genau, woran wir waren. Wir machten uns keine Illusionen über die Bitterkeit und den Ausgang des bevorstehenden Kampfes. Aber noch nie wurde mit so viel Entschlossenheit und unermüdlicherer Energie gearbeitet. In diesen Wochen wurde eine gigantische Aufgabe bewältigt. Und vom ältesten Offizier bis zum jüngsten fünfzehnjährigen freiwilligen Kraftfahrer schlossen sich alle zusammen, um ihr Wissen, ihre Fähigkeiten und ihren Einsatz in den Dienst ihrer Liebe zum Vaterland zu stellen und Tsingtau in den Verteidigungszustand zu versetzen.

Ich hatte besonderes Pech. Drei Tage nach Müllerskowskis Sturz brach ich bei strahlendem Sonnenschein zu meiner ersten wichtigen Erkundung auf und kehrte, nachdem ich das ganze Protektorat Hunderte von Kilometern lang erkundet hatte, in glücklicher Stimmung nach Tsingtau zurück.

Ich befand mich auf einer Höhe von 1500 Metern, und aufgrund der atmosphärischen Bedingungen war die Landung besonders schwierig. Als ich etwa 100 Meter über dem Platz war und Vollgas gab, um noch einmal herumzufliegen und wieder zu landen, fing der Motor an zu klopfen und blieb dann ganz stehen. Ich nahm mir nur eine Sekunde Zeit, um meinen Höhenmesser zu überprüfen, aber das genügte, um festzustellen, dass die Maschine nicht mehr in der Lage war, auf dem Flugplatz zu landen.

Ich konnte aber weder nach rechts noch nach links ausweichen. Rechts war der Polo Club und ein tiefer Graben, links das Hotel und die Villen.

Ich wusste, dass ich nichts mehr tun konnte, aber ich dachte nur an eines: den Motor vor Schäden zu bewahren.

Vor mir lag ein kleines Gehölz, und ich hoffte, es überwinden zu können. Ich zog am Höhenhebel, aber in der heißen, dünnen Luft der Tropen sackte die Maschine schwer ab. Ich schaffte es gerade noch, meinen Kopf von den Telegrafenmasten fernzuhalten, dann zog ich die Knie an, drückte unbewusst die Füße nach vorn, und plötzlich spürte ich einen gewaltigen Stoß, hörte knackende und splitternde Geräusche und prallte heftig gegen den Panzer, worauf alles still wurde. Aber als ich mich umsah, wie durch ein Wunder unverletzt davongekommen, sah ich meine Taube mit der Nase im Graben, ihr kleines Heck hoch in der Luft und ihre Flügel und das Fahrwerk bildeten eine wirre Masse aus zerbrochenem Holz, Drähten und Segeltuch.

Ach, meine arme kleine Taube! Wäre das nicht genau am dritten Tag der Mobilmachung passiert! Ich fühlte mich völlig hoffnungslos. Doch ohne den Mut völlig zu verlieren, trug ich die Trümmer in den Hangar. Zum Glück hatte ich noch einige Reservepropeller und -flugzeuge von zu Hause bekommen.

Meine einzige Hoffnung war, dass der Motor entwischt war! Ich besaß keine Ersatzteile und es wäre unmöglich gewesen, welche zu beschaffen. Ich ging zu den Kisten, in denen die Ersatzteile aufbewahrt wurden, und öffnete zuerst die, in denen sich die Flugzeuge befanden. Aber, oh Schreck! Ein übler Verwesungsgeruch wehte uns ins Gesicht und wir befürchteten das Schlimmste und brachen die innere Zinkverkleidung auf.

Der Anblick, der sich uns bot, war absolut grauenhaft. Die Kiste war voller schimmeligem Holz. Die Bespannung der Flugzeuge war verrottet. Die Flügelrippen und die verschiedenen Holzteile, die sorgfältig verpackt worden waren, lagen in einem unordentlichen Haufen und waren mit einer Schicht Schimmel bedeckt. Es war ein trauriger Anblick. Wir öffneten nun die Kiste, in der sich die Propeller befanden, und fanden dort denselben Zustand vor.

Die fünf Propeller existierten einfach nicht mehr und waren so stark geschrumpft, dass sie nicht mehr zu gebrauchen waren. Das war eine harte Nuss!

Doch ohne den Mut zu verlieren, machte sich mein großartiger Takler Stüben, der Chefmechaniker, an die Arbeit, und noch am selben Nachmittag saß ich mit Stüben, meinen beiden Heizern Frinks und Scholl und acht Chinesen aus der Werft bei der fleißigen Arbeit an den Flügeln.

Danach brachte ich den am wenigsten beschädigten Propeller zum Kai und konnte dank des hervorragenden Modellbauers K., der zusammen mit den Chinesen einen neuen Propeller konstruierte, aus meiner Verlegenheit herauskommen. Dies war ein wahres Meisterwerk, denn er war aus sieben dicken Eichenbrettern gehauen, die mit gewöhnlichem Tischlerleim zusammengeklebt worden waren. Die Chinesen benutzten ihre Äxte und fertigten einen perfekten Propeller, indem sie ein Modell kopierten, das K. für sie aufgestellt hatte. Obwohl sie von Hand gefertigt waren, zeugten ihre Arbeiten von größter Sorgfalt und Präzision.

Diesen Propeller habe ich für alle meine Flüge während der Belagerung von Tsingtau verwendet.

Aber wir waren nicht untätig in unseren Schuppen geblieben. Wir arbeiteten Tag und Nacht mit größter Energie, und schon am neunten Tag nach meinem Unfall stand meine kleine Taube bereit, bei Sonnenaufgang auf dem Flugplatz auszulaufen. Es ist jedoch nicht schwer zu verstehen, dass meine Erwartungen an einen erfolgreichen Flug nicht sehr hoch waren. Meine Flugzeuge waren aus einer Masse modrigen Materials rekonstruiert worden, und wir mussten sie so gut wie möglich aufrüsten, da wir keine flachen Flächen hatten. Ich habe die Montage des Propellers beschrieben, der übrigens etwa hundert Umdrehungen weniger machte als er sollte. Außerdem waren die Flugbedingungen auf diesem speziellen Flugplatz so ungünstig, dass die Wahl zwischen einem sauberen Start und einem unwiederbringlichen Absturz bestand.

Aber daran durfte ich nicht denken. Wir befanden uns mitten im Krieg. Ich war der einzige Flieger und musste weiterfliegen. Und ich hatte Glück!

Um meine Maschine leichter zu machen, hatte ich alles weggelassen, was ich entbehren konnte. Daher flog mein Vogel zunächst widerwillig auf, um meinen Befehlen zu gehorchen, aber bald hatte ich die volle Kontrolle über ihn wiedererlangt. Danach flog ich stolz und hinterließ vor dem Haus des Gouverneurs eine Nachricht: „Flugzeug wieder in einwandfreiem Zustand!"

Dann begann ich meine langen Erkundungsflüge. Ich durchquerte das ganze Protektorat und flog Hunderte von Kilometern darüber hinaus über das ferne Land, beobachtete die Anflugwege und spähte die wilden Felsen der

Küste aus, um zu sehen, ob der Feind in der Nähe war oder landete. Dies waren die schönsten Expeditionen meines Lebens.

Die Luft war so klar und durchsichtig, der Himmel von einem so reinen Azurblau, und die Sonne schien göttlich und liebevoll auf die schöne Erde, auf die Klippen und Berge und das tiefe Meer, das die Küste säumte. Meine Seele dürstete nach Schönheit und schwelgte stundenlang in den wunderbaren Anblicken der Natur.

Aber ganz ohne Sorgfalt war ich nicht. Schon beim zweiten Flug konnte ich feststellen, dass die Leimrillen gespalten waren und der Propeller wie durch ein Wunder nicht auseinandergerissen war. Er musste also abmontiert und neu bemessen werden. Diese kleine Leistung musste nach jedem Flug wiederholt werden. Sobald ich zurückkam, wurde der Propeller abmontiert, ich fuhr mit meinem Auto zu den Werften, dort bekam er eine neue Schicht Kitt, wurde unter einer Presse festgeschraubt, und abends holte ich ihn ab, befestigte ihn an der Maschine und begann am nächsten Tag von vorne.

Da der Propeller aber immer wieder riss, habe ich die gesamte Vorderkante mit Segeltuch und Heftpflaster beklebt, was ein wenig zum Zusammenhalt beigetragen hat.

In Tsingtau war ich zusätzlich zu meinen regulären Aufgaben auch für die Fesselballon-Abteilung verantwortlich, die ich scherzhaft meine „eingebildeten Konkurrenten" nannte.

Vor meiner Abreise aus Berlin hatte ich einen Ausbildungskurs für Luftschiffe absolviert, bei dem ich das Führen von Luftschiffen lernte, außerdem etwas Übung mit einem Beobachtungsballon und verschiedene praktische Übungen wie das Ausbessern von Ballonhüllen usw.

Die Sektion war brandneu und bestand aus zwei riesigen Ballons mit je 2000 Kubikmeter Volumen, einem Ballonsack und allem nötigen Zubehör zur Gaserzeugung und zur Wartung der Luftschiffe.

Ein Unteroffizier, der ebenfalls einige Erfahrungen mit Luftschiffen hatte, war außer mir der einzige, der sich damit auskannte. Nachdem wir alle Kisten ausgepackt hatten, machten wir uns sehr sorgfältig ans Füllen der Ballons. Und wir waren überaus stolz, als die erste dicke gelbe Wurst kräftig am Boden festgebunden lag. Ich persönlich befestigte mit meinem Unteroffizier alle Leinen, und bald darauf schwankte das gelbe Ungetüm leicht unter dem blauen Himmelszelt. Wir zogen es herunter, und ich kletterte allein in die Gondel zum ersten Aufstieg. Bei dieser Gelegenheit hätte ich beinahe meine komplizierte Reise nach Deutschland angetreten, denn als der Befehl „Loslassen!" gegeben wurde, versteifte sich das zu großzügig bemessene Seil plötzlich und verwickelte sich mit dem Kabel, während der Ballon senkrecht 50 Meter in die Luft schoss. Der Gedanke, dass es losbrechen würde, schoss mir durch den Kopf. Ein heftiger Ruck hätte mich fast aus der Gondel geworfen. Aber da das Stahlkabel auch noch ganz neu war, hielt es glücklicherweise. Mir ging es also nicht schlechter, außer dass ich einige neue Erfahrungen gesammelt hatte.

Dann begann ich mit dem Drill und der Unterweisung meiner Mannschaft, und schon bald wurde die Show mit der Effizienz alter Hasen geleitet.

Unser Gouverneur erwartete Großes von dem Beobachtungsballon. Man hoffte, er würde bei der Aufklärung des Herannahens des Feindes und der Aufstellung seiner Artillerie von großem Nutzen sein. Diese Hoffnungen waren zum Scheitern verurteilt, und meine Befürchtungen, dass der Bau der Ballons keinen nützlichen Zweck erfüllen würde, erwiesen sich als nur allzu berechtigt.

Obwohl ich den Drachenballon bis auf eine Höhe von 1200 Metern aufsteigen lassen konnte, gelang es uns nicht, die Hügelkette hinter unseren befestigten Stellungen zu sehen und so die Bewegungen des Feindes und vor allem die Stellung seiner schweren Belagerungsartillerie zu beobachten. Und das wäre für die Verteidiger von Tsingtau von größter Bedeutung gewesen.

Das Protektorat Tsingtau liegt auf einem schmalen, sich bis ins Meer erstreckenden Landzungenstreifen. Die Stadt Tsingtau wird auf drei Seiten vom Meer umschlossen und durch eine halbkreisförmige Gebirgskette vom Festland abgetrennt. Es sind das Moltkegebirge, das Bismarckgebirge und das Iltisgebirge. Unsere Hauptposition lag in ihren Schluchten, und an ihrem Fuß lagen die fünf Infanteriewerke mit den Stacheldrahtverhauen. Dann folgte ein breites Tal, das vom Fluss Haipo durchschnitten wurde, und dann eine neue Hügelkette, die sich ebenfalls von Meer zu Meer erstreckte und uns Unheil bringen sollte. Dahinter lag ein weiteres breites Tal, überragt von den wilden Felsspitzen des Lau-Hou-Schan, des Yung-Liu-Chui und des Lauchau.

Für uns war es äußerst wichtig, herauszufinden, was im offenen Gelände vor sich ging, da wir seit dem 27. September durch unseren Stacheldrahtzaun vollständig abgeschottet waren. Vor allem wollten wir herausfinden, *wo* der Feind seine Belagerungsartillerie stationiert hatte, und da wir von der Zuverlässigkeit unseres Beobachtungsballons enttäuscht worden waren, blieb uns nichts als eine gelegentliche, zielsichere Aufklärung und – mein Flugzeug!

Die Augusttage vergingen in unaufhörlicher Arbeit. Tsingtau und seine Zugänge waren nicht mehr zu erkennen, und es wurden

Verteidigungsstellungen für die Artillerie eröffnet. Zu unserem Bedauern wurde das entzückende Wäldchen, das mit so viel Sorgfalt gepflanzt worden war, der Stolz Tsingtau's, von unseren Äxten gefällt, um die Schusszone freizumachen. Wie traurig, die liebevolle Arbeit von „Kultur" mit einem Schlag zu zerstören!

Der 23. August, der Tag, an dem das japanische Ultimatum ablief, brach schließlich an, und es ist verständlich, dass den Gelbjapanern keine Antwort gewährt wurde. Das Losungswort lautete: „Geht ihnen hinterher!" Und das war unser sehnlichster Wunsch.

Ich erinnere mich, dass ich am nächsten Morgen, als ich von meinem Balkon auf das weite blaue Meer hinausblickte, in einigen Seemeilen Entfernung mehrere schwarze Schatten bemerkte, die sich langsam hin und her bewegten. Sogar Torpedobootzerstörer konnte ich durch mein Teleskop erkennen. Davon überzeugte sich auch Patzig, der angerannt kam, um meine Beobachtungen zu begleiten. Natürlich – war es nicht der 24.? Die Bande blockierte uns also! Und die Japaner hatten es tatsächlich gewagt, das Deutsche Reich anzugreifen!

Der von einer Handvoll Engländern angestiftete Kampf einer gelben Rasse gegen *ein* deutsches Regiment auf Kriegsfuß hatte begonnen.

Unmittelbar nach Ablauf des Ultimatums rückte ein Trupp von tausend Mann in die äußersten Vorposten des Gebiets ein, um diese und die Zufahrtsstraßen zu schützen. Diese kleine Abteilung erfüllte ihre Aufgabe hervorragend. Sie musste einen 30 Kilometer breiten und dann noch einen 10 Kilometer breiten Landstrich mit völlig unzureichender Artillerie verteidigen. Tausend Mann mussten zwei Armeekorps ersetzen! Sie kämpften hartnäckig und mutig, konnten manchmal nur fliegende Patrouillen feindlicher Bataillone abwehren und zogen sich Schritt für Schritt vor der furchtbaren Übermacht zurück. Erst am 28. September wurden sie hinter die Hauptrettungsgräben zurückgedrängt, die uns nun bis zum Ende des Kampfes endgültig einschlossen.

Ich muss sagen, dass in den ersten Tagen der Belagerung Flugzeuge und Flugzeuge im Allgemeinen von den verantwortlichen Behörden der Garnison in Tsingtau wenig geschätzt wurden. Das war angesichts unserer glücklosen Leistungen natürlich. Doch bald trat eine rasche Veränderung ein. Eines Tages flog ich wieder über die Südküste der Halbinsel Shantung, um nach feindlichen Schiffen oder Landungstruppen Ausschau zu halten. Die Küste schien verlassen, und es war nichts zu sehen. Sehr erleichtert, dass wir zumindest von dieser Seite aus sicher waren, flog ich nach Hause. Ganz zufällig ging ich abends zum Regierungsgebäude, um dort einen Kameraden zu besuchen. Dort traf ich zufällig den Chef des Generalstabs, der in rasender Eile war, da er eine wichtige Konferenz beim Gouverneur verlassen hatte, um ein Buch zu holen.

Er rief mir im Vorbeigehen zu: „Na Plüschow, bist Du wieder geflogen?"

„Ja, Sir", sagte ich. „Ich bin gerade zurückgekommen. Ich habe mehrere Stunden lang die Küste nach feindlichen Landungstruppen abgesucht, aber es gibt keine Spur von ihnen."

Ich kann immer noch den erstaunten Gesichtsausdruck unseres Chefs sehen.

„Was soll das heißen? Die Küste abgesucht? Und uns erst jetzt Bescheid sagen? Hier beraten wir seit zwei Stunden, wie wir die großen Konvois abwehren können, die unsere Späher in der Dsin-Dsia-Kou-Bucht gesichtet haben. Und Sie kommen gerade von dort und können so untrügliche Beweise vorlegen? Gehen Sie zum Gouverneur und melden Sie sich sofort!"

Die ganze Konferenz war nun mit wenigen Worten erledigt. Die Berichte der Kundschafter waren natürlich erfunden. Aber ich war glücklich, denn ich hatte den Ruf und die Ehre der Luftfahrt gerettet!

Und nun begannen meine schwierigsten, aber auch schönsten Flüge.

Bald sollte ich meine Feuertaufe erhalten. Es war in den ersten Septembertagen, an einem Sonntag, in 1500 Metern Höhe, weit draußen über dem Gebiet, in der Sonne liegend. Plötzlich erblickte ich unten eine ziemlich bedeutende japanische Abteilung, die mich mit Infanterie- und Maschinengewehrsalven begrüßte. Ich kehrte mit zehn Einschusslöchern in meinen Flugzeugen nach Hause zurück. Aber in Zukunft sank ich nicht tiefer als 2000 Meter, um unnötige Risiken für meinen Motor und meinen Propeller zu vermeiden.

Doch die Feuertaufe an Land folgte prompt.

Kurz darauf fuhr ich mit dem Motor nach Shatsy-Kou, wo wir vorgeschobene Außenposten hatten. Ich blieb vor dem Haus stehen, ohne an die Gefahr zu denken. Ich war erstaunt, als ich bemerkte, dass alle Offiziere und Männer flach auf dem Boden lagen, entlang einer Palisade, die zum Meer hin errichtet war. Sie winkten mit den Armen, was ich natürlich als Gruß auffasste und ihnen prompt in derselben Weise antwortete.

Ich saß noch immer in meinem Auto, als ich ein zischendes Pfeifen ganz nah an meinem Kopf hörte, gefolgt von einem ohrenbetäubenden Krachen keine drei Meter entfernt. Eine Granate war im Mauerwerk des Hauses explodiert, und bevor ich mich von meiner Überraschung erholen konnte, folgten dem ersten weitere Geschosse.

Ich warf mich aus dem Wagen und ging mit den anderen in Deckung. Meine Kameraden lachten sich schlapp, denn so ernst die Lage auch war, ich musste ein komischer Anblick gewesen sein.

Dann erfuhren wir, was passiert war.

Eine japanische Zerstörerflottille lag vor uns und versuchte, Shatsy-Kou durch ihr Feuer zu zerstören. Wir verbrachten die nächsten zwei Stunden unter Artilleriefeuer in unserer beengten und exponierten Position, ohne sehen oder uns bewegen zu können. Mittags machten die Japaner eine Pause, wahrscheinlich um ihr Abendessen zu genießen. Während wir den Schaden am Haus untersuchten, sammelten die chinesischen Jungen bereits eifrig Granatsplitter. Und als wir uns kurz zu einer Tasse Kaffee hinsetzten, kamen drei kleine Chinesen mit strahlenden Gesichtern und legten drei nicht explodierte Granaten vor uns auf den Boden. Es hätte eine schöne Sauerei gegeben, wenn sie jetzt losgegangen wären!

Bald darauf traten wir unsere Rückreise an, doch als wir das erste Tal erreichten, explodierten hinter uns neue Granaten – der Bombardement wurde wieder aufgenommen.

Wenig später musste Schatsy-Kou mit dem gesamten Protektorat evakuiert werden, und am 28. September zogen wir uns hinter die wichtigsten Schützengräben zurück. Gleichzeitig begann der erste groß angelegte Beschuss vom Meer aus.

„Etwas" Lärm!

Am frühen Morgen dieses Tages saß ich in bester Stimmung in meinem Bad und erfrischte mich vor einem langen Flug, als ich den entsetzlichsten Lärm hörte. Da unsere Artillerie Tag und Nacht aktiv gewesen war, schenkte ich diesem zusätzlichen Lärm keine große Aufmerksamkeit, sondern schrieb ihn dem Abfeuern unserer 28-Zentimeter-Haubitze der Bismarck-Batterie zu, die am Fuße meiner Villa lag und bisher geschwiegen hatte, um Munition zu sparen.

Ich schickte meinen Burschen los, um dafür zu sorgen, dass mein Flugzeug einsatzbereit war. Doch nach wenigen Minuten kam er atemlos und etwas blass zurück und meldete: „Sir, wir müssen die Villa sofort verlassen; wir werden von vier großen Schiffen bombardiert. Eine der schweren Granaten ist gerade in der Nähe der Schuppen eingeschlagen, aber Gott sei Dank ist das Flugzeug nicht beschädigt und niemand ist verletzt. Aber ich habe mir die Finger verbrannt. Ich sah einen so schönen großen Splitter und wollte ihn als Andenken mitnehmen; es war *so* heiß, aber ich habe ihn trotzdem bekommen!" Und er zeigte mir strahlend sein versengtes Taschentuch, in dem sich der riesige Splitter einer 30 Zentimeter großen Granate befand! Doch ich war bereits aus dem Bad gestiegen und hatte in zwei Minuten den

Flugplatz erreicht, wo wir mit vereinten Kräften mein Flugzeug in eine geschütztere Ecke des Feldes schoben. Danach rannte ich los, um mir den Beschuss vom Wachhaus des Küstenkommandanten aus anzusehen.

Letzterer lag auf einem Hügel, von dem aus man einen idealen Blick auf Tsingtau hatte. Man konnte den Flug jeder Granate verfolgen, und von nun an saß ich in den nächsten Wochen, wenn ich nicht flog, hier oben und beobachtete den Kampf.

Der erste Bombardement von Tsingtau fand am 28. September statt und war besonders eindrucksvoll.

Das Krachen und Platzen der Granaten mit dem dazugehörigen Dröhnen wurde durch das Echo der umliegenden Berge noch verstärkt. Krachen folgte auf Krachen, und wir hatten den Eindruck, ganz Tsingtau würde in einen Trümmerhaufen verwandelt. Es war ein seltsames Gefühl, aber wir gewöhnten uns bald daran. Man ist den explodierenden Granaten gegenüber völlig hilflos und kann nur warten, bis alles vorbei ist, während man hofft, dass man glücklicherweise weit weg von der Stelle ist, auf die sie fallen.

Wie verachtenswert müssen sich die Engländer während dieses und der darauffolgenden Bombardierungen gefühlt haben!

Die feindlichen Schiffe standen so weit draußen, dass unsere Kanonen sie nicht erreichen konnten. Daher waren sie ziemlich sicher. Vorne dampften drei japanische Schlachtschiffe und hinten unter japanischem Kommando das englische Schlachtschiff *Triumph* .

Ich frage mich, ob die Engländer auf ihre Rolle als Henker stolz waren?

Gott sei Dank waren die Schäden, die der Beschuss anrichtete, nicht allzu groß, und von da an erwarteten wir die Kanonenbeschuss mit größter Gelassenheit.

Am Abend wurde ich Zeuge eines besonders traurigen Ereignisses: Unsere Kanonenboote *Cormoran* , *Iltis* und *Luchs* wurden nach der Demontage von uns versenkt.

Es war ein tragischer Anblick. Die drei Schiffe wurden zusammengebunden und von einem Dampfer ins tiefe Wasser geschleppt und dort gesprengt und verbrannt. Es schien, als wüssten die drei Schiffe, dass sie in ihr Verderben gezogen wurden. Sie sahen unendlich traurig und hilflos aus, mit ihren kahlen Masten, die gen Himmel ragten, und ihren Gerippen, die sich im Feuer wanden, als wollten sie nicht zu Asche werden, bis die Wellen über sie hinwegfegten und ihrer Qual ein Ende machten. Die Herzen unserer Matrosen waren von Mitleid erfüllt. Diesen dreien folgten *Lauting* und *Taku* und kurz vor unserer Kapitulation der kleine *Jaguar* und der österreichische Kreuzer *Kaiserin Elisabeth* , nachdem diese beiden Schiffe uns unschätzbare

Dienste geleistet hatten. Ihr Wirken füllt eine der ruhmreichsten Seiten in der Geschichte des Kampfes und des Todes von Tsingtau.

KAPITEL IV

EINIGE JAPANISCHE WITZE

Wir waren sehr verblüfft über die Aktivitäten der japanischen Belagerungsarmee. Nach dem ersten Bombardement dachten wir alle, dass die Japaner versuchen würden, die Festung im Sturm zu erobern, da sie sicher wussten, wie schwach wir waren und dass nur ein einziges Stacheldrahtgeflecht zwischen ihnen und uns stand.

In unserer Mitte machten die wildesten Gerüchte die Runde: „Die Japaner wagen es nicht, uns anzugreifen, denn in Europa läuft es für uns so gut!" oder „Die Amerikaner schicken uns ihre Flotte zu Hilfe und werden die Japaner zum Rückzug zwingen!" Und dann wieder: „Die Japaner wollen uns nur aushungern; sie wollen, dass Tsingtau möglichst unbeschädigt in ihre Hände fällt!"

Aber wir kamen nie über bloße Vermutungen hinaus. Leise und systematisch, und ohne dass wir sie daran hindern konnten, landeten die Japaner ihre Truppen, bauten Straßen und Eisenbahnen, brachten schwere Artillerie und Munition heran, verschanzten sich vor unseren Stellungen und arbeiteten sich langsam auf unsere Verteidigungslinie vor.

Nun begann ich mit meiner Hauptaufgabe: der Erkundung der Positionen der schweren Batterien des Feindes.

Jeden Tag, wenn das Wetter es erlaubte – und der Propeller! –, brach ich im frühen Morgengrauen, sobald es hell war, zu meiner Reise ins Unbekannte auf. Und wenn die Sonne aufging, schwebte ich wie ein silberner Fleck hoch oben im Äther, kreiste stundenlang um die Stellungen des Feindes und überblickte unser gesamtes geliebtes Protektorat, das von einem unverschämten Feind überfallen wurde, der uns in die Enge treiben und vernichten wollte.

Meine Arbeit war hart, aber sie machte mir Spaß und war von Erfolg gekrönt. Die unablässigen Bemühungen des Feindes, mich niederzuschießen, überzeugten mich von meinem *Erfolg*.

Wie ich bereits erwähnte, war ich nun der einzige Flieger in Tsingtau – „der Meistervogel von Tsingtau", wie mich die Chinesen nannten. Außerdem stand mir nur eine einzige Taube zur Verfügung. Ich musste vorsichtig sein und keine unnötigen Risiken eingehen, sonst hätte ich meinen Job verloren.

Auf diese Weise habe ich meine Erkundung durchgeführt.

Sobald ich direkt über dem Feind flog, drosselte ich meinen Motor so, dass er von selbst die Höhe hielt. Dann hängte ich meine Karte an den Steuerknüppel, nahm Bleistift und Notizbuch und beobachtete durch den

Raum zwischen den Flugzeugen und dem Heck, was unten passierte. Ich ließ den Steuerknüppel los und steuerte nur noch mit den Füßen.

Dann umkreiste ich eine Position, bis ich mir die Einzelheiten genau angeeignet hatte, machte eine Skizze davon und trug sie in mein Notizbuch ein. Bald war ich so geschickt darin, dass ich ein oder zwei Stunden lang ununterbrochen schreiben und zeichnen konnte. Wenn ich spürte, wie mein Nacken steif wurde, drehte ich mich um und schaute auf die andere Seite hinunter. Das tat ich, bis ich mit meinen Notizen zufrieden war, und manchmal war ich so in meine Arbeit vertieft, dass ich durch einen Blick auf meinen Benzinschreiber gewarnt werden musste, dass es höchste Zeit war, nach Hause zu gehen.

Ich kehrte immer auf die gleiche Weise zurück. Ich flog in stolzen Kreisen um die Kais und die Stadt, und als ich meinen Flugplatz erreichte, stellte ich den Motor ab und schoss in einem steilen Gleitflug zur Erde hinunter, der mich in vier Minuten sicher und gesund landete. Denn es war nötig, schnell zu sein. Während mein Flugzeug über die feindlichen Stellungen flog, wurde es ständig mit Infanterie- und Maschinengewehrfeuer beschossen. Als dies nichts nützte, setzte der Feind Granatsplitter ein, und das war höchst unangenehm.

Die Japaner hielten immer neue Überraschungen für mich bereit. Als ich beispielsweise eines Tages – bei strahlend blauem Himmel und strahlendem Sonnenschein – von einer Erkundungstour zurückkam und gerade landen wollte, sah ich in etwa 300 Metern Höhe über meinem Flugplatz eine große Anzahl flauschiger weißer Wolken schweben, die von oben betrachtet einfach herrlich aussahen.

Doch bald merkte ich, dass die Japaner sich damit einen kleinen Scherz erlaubten: Diese hübschen Wölkchen entstanden durch den Abschuss von 10,5 cm großen Granatsplittern!

Mir blieb nichts anderes übrig, als die Zähne zusammenzubeißen und mich durchzukämpfen. Vier Minuten später stürzte meine Maschine aus 2000 Metern Höhe ab und ich schob sie, so schnell ich konnte, unter einen Schuppen, dessen Dach durch Erde geschützt war.

Ich musste jetzt zu einer List greifen.

Manchmal, wenn ich noch über dem feindlichen Lager schwebte, schaltete ich plötzlich den Motor ab und stürzte senkrecht auf eine Ecke meines Flugplatzes herab, so dass die Japaner überzeugt waren, sie hätten mich überflogen. Als sie sich von ihrer Überraschung erholt hatten, schob ich meine Maschine bereits in Sicherheit, denn ihre Granatsplitter explodierten viel zu spät.

Aber als ich unermüdlich zurückkam, revanchierten sich die Japaner, indem sie zwei ihrer 10½-cm-Batterien so weit hinten und so weit seitlich postierten, dass ihre Granatsplitter mich leicht trafen, während ich über ihren Köpfen kreiste. Das war sehr unangenehm und mein Schicksal wäre oft besiegelt gewesen, wenn ich nicht so geschickt eine scharfe Kurve geflogen und so einem Treffer ausgewichen wäre.

Dann explodierten die Granatsplitter so nahe, dass ich trotz des Motorenlärms das hässliche Bellen der Explosion hören und den gewaltigen Luftdruck spüren konnte, der mein Flugzeug wie einen alten Lastkahn auf dem Meer ins Rollen brachte, was die Beobachtung äußerst schwierig machte.

Ich muss sagen, dass ich jedes Mal, wenn ich sicher landete, einen überwältigenden Stolz und eine enorme Zufriedenheit über meine Leistung verspürte und mit der vollen Kraft meiner Lungen freudig jubelte.

Nach Stunden größter Anstrengung und Gefahr spürte ich trotz Gewehrschüssen und Granatsplittern wieder festen Boden unter meinen Füßen.

Sobald ich den Boden berührte, kamen meine vier Helfer angerannt, ohne Angst vor der Gefahr durch den Granatsplitterhagel, und halfen mir, meine Maschine zu verstauen. Mein treuer Hund Husdent sprang um sie herum und bellte fröhlich.

Und während die vier damit beschäftigt waren, mein Flugzeug für den nächsten Flug fertigzumachen, saß ich bereits am Lenkrad meines Wagens, alle meine Karten und Berichte in der Tasche, mit Husdent an meiner Seite, und raste erneut unter Granatsplitterfeuer die Straße entlang zum Government House, wo meine Berichte schon gespannt erwartet wurden.

Ich glaube, jeder wird meine Freude und meinen Stolz nachvollziehen können, als ich meine Zeichnungen und Beobachtungen vorlegen durfte. Denn an manchen Tagen konnte ich bis zu fünf oder sechs feindliche Batterien entdecken, und oft füllten meine Beobachtungen vier Seiten der Berichtsbögen.

Der herzliche Händedruck, mit dem mir der Landeshauptmann und der Stabschef für meine geleistete Arbeit dankten, war Belohnung genug.

Und während ich nach Hause fuhr, um zu Mittag zu essen und eine dringend benötigte Ruhepause einzulegen, hörte ich bereits das Donnern unserer Kanonen, die ihre eisernen Hagelkörner auf die soeben von mir entdeckten Stellungen des Feindes schleuderten.

KAPITEL V

MEINE KRIEGSLIST

WIE traurig und trostlos sah es jetzt in meinem kleinen Haus aus!

Gleich zu Beginn der Belagerung musste mein guter Patzig mich verlassen und zu seinem Kommandeur der 21-Zentimeter-Batterie zurückkehren. Er hatte nur vier Wochen lang in unserem schönen kleinen Heim genossen, und jetzt saß er in seinem Redoute und erfüllte seine Pflicht, bis er seine letzte Granate abgefeuert hatte und die Japaner mit ihren schweren Haubitzen seine gesamte Batterie dem Erdboden gleichgemacht hatten.

Schon als der erste Schuss fiel, ließ mich mein chinesischer Koch Moritz treulos im Stich und eines Abends musste ich feststellen, dass auch Fritz, Max und August spurlos verschwunden waren.

Nach wenigen Tagen erschien ein neuer chinesischer Koch namens Wilhelm auf der Bildfläche und erzählte mit nachdrücklichen Gesten:

„Guter Herr, ich bin ein sehr guter Koch. Ich gehe nicht so herum wie der böse Kerl Molitz. Ich habe keine Angst. Ich koche sehr gut."

Ich glaubte ihm und versprach ihm fünf Dollar und mehr. Es lief einigermaßen gut, bis eines Tages die ersten feindlichen Granaten in der Nähe meines Hauses explodierten und Herr Wilhelm ebenso schnell verschwand wie seine Vorgänger.

Ich saß nun allein mit meinem treuen Burschen Dorsch in meinem verlassenen Heim. Wir waren die einzigen Bewohner des gesamten Villenviertels der Iltisbucht.

Nicht gerade ein sicherer oder angenehmer Ort, denn die Villen waren auf dem Hügel gebaut, auf dem unsere Hauptbatterien lagen, und die feindlichen Granaten, die an ihnen vorbeizischten, landeten genau in unserer Mitte. Aber wir waren sehr vorsichtig. Das heißt, wir verließen unser oberstes Stockwerk und ließen uns bequem und sicher im Erdgeschoss nieder. Als weitere Vorsichtsmaßnahme stellten wir unsere Betten in eine Ecke, so dass sie weit vom Fenster entfernt waren, und sicherten uns so ausreichende Immunität. Es war jedoch ein Glück, dass keine schwere Granate diese Position in Frage stellte.

Aber ich hatte nicht lange die alleinige Kontrolle über die Luft.

Am Vormittag des 5. Septembers, bei bedecktem Himmel mit tief hängenden Wolken, hörten wir plötzlich das Schnurren eines Motors, und ich lief nach Hause, um zu sehen, was geschehen war. Kaum war ich da, schoss dicht über unseren Köpfen ein riesiger Doppeldecker in Sicht. Ich war sprachlos und starrte benommen auf die Erscheinung. Bald jedoch zerrissen die ersten Explosionen die Luft, und ich erkannte nun die runden roten Kugeln unter den Flugzeugen.

Es war ein Japse!

Ich muss sagen, dass ich mich ziemlich merkwürdig fühlte, als ich meinen riesigen feindlichen Kollegen so nah an uns am Himmel schweben sah. Eine strahlende Zukunftsperspektive!

Für Tsingtau war die Ankunft der feindlichen Flieger eine äußerst unangenehme Überraschung, denn niemand hatte damit gerechnet, dass die Japaner über Flugzeuge verfügen würden.

Insgesamt wurden schließlich acht Flugzeuge hergestellt, darunter vier riesige Wasserflugzeuge, um deren Besitz ich die Japaner von Herzen beneidete. Wie oft schaute ich in den folgenden Wochen sehnsüchtig auf sie, als sie über der Stadt kreisten, und wünschte mir eines!

Die Japaner flogen gut und mit außerordentlicher Tapferkeit. Zum Glück waren ihre Bombenabwürfe nicht so erfolgreich, sonst hätten wir nichts dagegen gehabt. Die japanischen Bomben waren schwer, neu konstruiert und äußerst zerstörerisch.

Auch die feindlichen Wasserflugzeuge hatten einen gewaltigen Vorteil gegenüber uns. Sie konnten aus großer Entfernung abheben, ohne Rücksicht auf den Wind, und hatten dabei so viel Spielraum zum Wenden, wie sie nur wollten. Und als sie mit größter Sicherheit eine Höhe von 3.000 Metern erreicht hatten, stürzten sie sich auf uns und verhöhnten einfach unsere Granatsplitter und Maschinengewehre.

Eines der Hauptziele des Feindes war die Zerstörung meines Hangars. Bald wurde es für meinen Flugplatz so unangenehm, dass ich eines schönen Tages beschloss, dass es an der Zeit war, dem kleinen Spiel meiner feindlichen Kollegen ein Ende zu setzen.

Mein wirklicher Schuppen lag am nördlichen Ende des Geländes; er war ein hervorragendes Ziel, und die Japaner kannten seinen Standort auswendig. Ich baute nun unauffällig einen neuen Schuppen auf der gegenüberliegenden Seite, dicht an einem Berghang, und bedeckte ihn mit Erd- und Grasschollen, so dass man von oben nichts davon sehen konnte. Dann gingen wir mit großer List und Bosheit daran, mit Hilfe von Brettern, Segeltuch und Blech ein Scheinflugzeug zu errichten. Von oben sah es genau wie meine Taube aus. Und sobald danach ein feindlicher Flieger in Sicht war, spielten wir eine kleine Komödie.

An manchen Tagen standen die Türen meines alten Schuppens weit offen und meine nachgemachte Taube lag davor auf dem schönen grünen Gras. An anderen Tagen war der Schuppen geschlossen und nichts zu sehen. An einem anderen Tag stand meine Scheinmaschine an einem anderen Ort, wo sie sofort entdeckt werden konnte. Jetzt kamen die feindlichen Flieger und warfen Bomben über Bomben ab, um den unschuldigen Vogel zu treffen. Während dies geschah, saßen wir im echten Flugzeug, gut geschützt durch unser Dach, und hielten uns vor Lachen die Seiten, als wir sahen, wie die Bomben ihr falsches Opfer suchten.

Als wir einmal besonders stark damit überschüttet wurden, nahm ich einen feinen Splitter einer japanischen Fliegerbombe, befestigte meine Visitenkarte daran und schrieb:

„Freundliche Grüße an die feindlichen Kollegen! Warum scheut ihr uns mit so harten Gegenständen? Wenn ihr nicht aufpasst, tut ihr uns am Ende weh! Das tut man nicht."

Ich nahm diesen Brief mit auf meinen nächsten Flug und warf ihn vor der japanischen Wasserflugstation ab.

Dies diente jedoch nur zur Ankündigung meines Besuchs.

Inzwischen hatte einer unserer Männer Bomben für mich vorbereitet. Einfach wunderbare Exemplare! Riesige Blechdosen zu je 4 Pfund, auf denen in großen Buchstaben zu lesen war: „Sietas, Plambeck & Co., bester Java-Kaffee." Sie waren mit Dynamit, Hufnägeln und Alteisen gefüllt, unten war ein Bleistab befestigt und oben eine Zündschnur. Zur Explosion brachte sie eine scharfe Eisenspitze, die auf das Zündhütchen einer Patrone traf. All diese Dinge kamen mir ziemlich unheimlich vor, und ich ging mit größter Vorsicht damit um – immer froh, wenn ich sie los war. Aber sie richteten nie großen Schaden an. Einmal traf ich ein Torpedoboot, und selbst dann explodierte es nicht; mehrmals verfehlte ich knapp einen Konvoi. Und einmal erfuhr ich durch japanische Berichte, dass ich eine Bombe mitten in eine japanische Marschkolonne geworfen und dreißig gelbe in die Unterwelt geschickt hatte!

Das erste angenehme Gefühl des Bombenabwurfs überwand ich bald. Abgesehen davon war meine Zeit völlig ausgefüllt und die Ergebnisse rechtfertigten die verlorene Zeit nicht.

Ich traf meine feindlichen Kollegen oft in der Luft. Ich sehnte mich nicht nach diesen Begegnungen, denn mit meiner langsamen, mühsam steigenden

Taube konnte ich gegen die riesigen Doppeldecker mit einer Besatzung von drei Mann wenig ausrichten. Vor allem durfte ich nicht vergessen, dass mein Hauptziel die Aufklärung war und ich danach meine Maschine in gutem Zustand nach Tsingtau zurückbringen wollte.

Einmal war ich mit meinen Beobachtungen beschäftigt, als mein Flugzeug anfing zu nicken und zu schwanken. Ich dachte, das liege an Unebenheiten in der Luft, die durch die vielen steilen und zerklüfteten Berge dieses Landes verursacht wurden, die das Fliegen außerordentlich schwierig machten. Ohne auch nur aufzublicken, machte ich mit meinen Beobachtungen weiter und hielt den Steuerhebel nur mit einer Hand fest, um das Flugzeug stabil zu halten.

Nach meiner Rückkehr erfuhr ich zu meiner großen Überraschung, dass ein feindliches Flugzeug so nah an mir vorbeigeflogen war, dass man dachte, ich müsste abgeschossen werden.

Das nächste Mal war ich vorsichtiger. Als ich einen meiner feindlichen Kollegen erblickte, folgte ich ihm und schoss ihn mit meiner Parabellum-Pistole nieder, nachdem ich dreißig Mal geschossen hatte.

Kurze Zeit später hätte ich beinahe sein Schicksal geteilt. Ich war nur noch auf 1700 Metern Höhe und konnte trotz größter Anstrengung nicht höher kommen. Ich war gerade über der feindlichen Wasserflugzeugstation, als einer der großen Doppeldecker startete. Ich führte nun meine Erkundung durch und dachte mir: „Na, der kann sich ja mal beeilen, bis er so hoch ist wie ich!"

Als ich jedoch nach vierzig Minuten nach links über das Flugzeug blickte, sah ich, dass der Feind bereits auf wenige tausend Meter herangekommen war. Das bedeutete, auf der Hut zu sein und höher zu steigen. Aber meine Taube wollte einfach nicht weichen, und ich kam keinen Meter mehr voran. Es verging nur eine Viertelstunde, bevor der andere Kerl mich überholt hatte und schräg über meinen Weg kam, um mir den Weg nach Tsingtau abzuschneiden.

Es war nun eine Wette, wer zuerst Tsingtau erreichen würde, aber ich gewann das Rennen. Als ich zu meinem Flugplatz zurückkehrte, tauchte ich einfach ab, und kaum hatte ich den Boden erreicht, explodierten überall um uns herum Bomben.

Es ist außergewöhnlich, wie sie manchmal ihr Ziel finden!

In Tsingtau war der strikte Befehl gegeben worden, dass jeder sofort in Deckung gehen sollte, wenn ein feindlicher Flieger gesichtet würde. Wir hatten nur zwei Verluste – einen Unteroffizier und einen Chinesen. Und das war schon erstaunlich genug. Auf meinem Flugplatz hatte ich etwa hundert

Kulis, und sie eilten immer in Sicherheit. Eines Tages jedoch blieb ein Eingeborener mitten auf dem Gelände stehen, ganz allein, und starrte den großen Vogel an. Peng! Eine Bombe sauste durch die Luft und explodierte nur wenige Schritte entfernt. Der arme Teufel war schwer getroffen. Es gibt nichts Besseres, als sich an einer Stelle aufzuhalten, wo Granaten und andere schwere Geschosse umherfliegen.

KAPITEL VI

HURRA!

WIE sah es in der Zwischenzeit in Tsingtau aus? Der Beschuss von der See her war zum Alltag geworden, und bald trugen die Landbatterien ihren Lärm zu der höllischen Zwietracht bei. Außer den bombensicheren Schanzen und Ortschaften gab es keine Sicherheit mehr. Das Feuer wurde immer heftiger, und an manchen Tagen wurden allein von der See her mehrere hundert 30-Zentimeter-Halbmarinegranaten auf das kleine Tsingtau abgefeuert.

Am 14. Oktober gerieten unsere Marinebefestigungen von Hu-Chuin-Huk direkt unter Beschuss. Die feindlichen Schiffe befanden sich weit draußen auf See, und nach der zweiten Salve wurde der kleine Außenposten von einer Flut schwerer Granaten überschwemmt. Nun folgte eine Salve auf die andere. Die gesamten Befestigungen verschwanden hinter den Säulen aus Wasser, Flammen und Rauch aus dem Blickfeld, und das Rumpeln und Krachen der explodierenden Granaten ließ die Erde erzittern.

Wie üblich stand ich an diesem Morgen auf dem Aussichtspunkt des Küstenkommandanten, etwa 1.000 Meter vom Fort entfernt, und wurde so aus erster Hand Zeuge dieses furchterregenden Schauspiels.

Manchmal flogen die meterlangen Granatsplitter surrend und zischend unheimlich über unsere Köpfe hinweg, ohne dass wir ihnen Beachtung schenkten, denn wir waren so vertieft in das, was wir sahen, und es war so gewaltig, dass es keine Worte gab, um es angemessen zu beschreiben.

Mit tiefer Trauer dachten wir an die tapfere Garnison und ihre sichere Vernichtung, doch plötzlich, mitten im schwersten Feuer, feuerte unser altes 24-Zentimeter-Geschütz einen Schuss ab, und unsere Feldstecher richteten sich sofort auf die feindlichen Schiffe.

Plötzlich entrang sich ein freudiges und triumphales „Hurra!" unseren Lippen, denn eine unserer Sprenggranaten hatte das englische Kriegsschiff *Triumph* genau in der Mitte seines Decks getroffen. *Triumph* drehte sofort ab und raste mit aller Kraft davon, und als unsere zweite Granate wenig später hinter ihr herraste, konnte sie das Wasser nur etwa 50 Meter vom Heck entfernt treffen.

Nach einigen Signalen, die sie mit dem japanischen Flaggschiff austauschte, verließ *die Triumph das Schiff und fuhr zur Reparatur nach Yokohama.*

Die drei japanischen Schiffe setzten ihren Beschuss fort — nun aus respektvollerem Abstand —, so dass weiteres Feuern mit unseren alten Kanonen, die nicht einmal halb so weit reichen konnten, sinnlos war.

Gegen Mittag hörte der Beschuss schließlich auf, da der Feind zu diesem Zeitpunkt mit Recht davon ausgehen konnte, dass das Fort zerstört und alle Bewohner getötet waren.

Der Stab des Küstenkommandanten eilte sofort zum Fort Hu-Chuin-Huk, und auch ich folgte ihm mit meinem Auto.

Noch immer unter dem Eindruck des furchtbaren Schauspiels des Bombardements, waren wir bei unserer Ankunft höchst überrascht, die ganze Garnison munter umherrennen zu sehen, Splitter aufzusammeln und die riesigen Krater zu bewundern, die die feindlichen Granaten in den Boden gegraben hatten.

Was für ein Glück! Kein Mann wurde verletzt, kein Gewehr verletzt, kein Treffer in den bombensicheren Räumen!

Das Ergebnis des schweren Bombardements waren eine zerbrochene Keksdose und ein Soldatenhemd, das zum Trocknen aufgehängt war und in Fetzen gerissen wurde! Es war seltsam, sich vorzustellen, dass 51- und 30½-Zentimeter-Geschütze für solche Zwecke eingesetzt wurden!

Eine schwere Granate war glatt durch die dünnen Stahltürme gegangen und lag friedlich neben der Kanone auf den Eisenplatten!

Jetzt erfuhren wir das Geheimnis unseres Glückstreffers: Unsere Kanonen hatten in Wirklichkeit nur eine Reichweite von 160 bis 100 Metern. Doch den Kanonenschützen war es mit unendlicher Mühe gelungen, die Kanone um mehrere Sechzehntel Grad höher zu heben, sodass sie 200 bis 300 Meter weiter trug.

Nachdem sie den Verschluss in höchstem Winkel geladen hatten, hielten die tapferen Kanonenschützen und ihr tapferer Batteriekommandeur, Oberleutnant Hasshagen, unter schwerstem Granatfeuer ruhig an ihren Kanonen fest, bis endlich eines der Schiffe in Trefferreichweite kam. Und das Beste daran war, dass es das richtige Ziel traf! Es ist schade, dass die *Triumph* so schnell davonlief, sonst wäre sie an diesem Tag ihrem Schicksal nicht entgangen. Trotzdem holte sie sie wenig später ein.

Was uns nicht gelang, gelang im Frühjahr 1915 unserem Freund Hersing, der mit seinem U-Boot dieselbe *Triumph* in den Dardanellen auf den Meeresgrund schickte und so die Besatzung von Tsingtau rächte. Für diesen Dienst sind wir ihm zu Dank verpflichtet.

Mit den Offizieren und der Garnison des Forts Hu-Chuin-Huk verband mich eine aufrichtige Freundschaft.

Ich gehörte eigentlich nicht zu ihnen, denn erstens lag mein Flugplatz in der Nähe des Forts, und zweitens beobachteten sie regelmäßig meinen Start und vor allem meine Versuche, ihren Gewehren zu entkommen. Und mehr als einmal standen die Männer bereit, ins Meer zu springen und mich zu retten, denn sie dachten, ich würde mit meiner Maschine ins Wasser fallen.

Aber so oft ich zu Gast bei dem bemerkenswerten Kommandanten des Forts, Kapitänleutnant Kopp, war, malten wir unsere triumphale Rückkehr nach Deutschland nach dem Krieg in den glühendsten Farben, und natürlich hatten wir beschlossen, dass ich mit der Garnison des Forts Hu-Chuin-Huk einmarschieren sollte.

Am 17. Oktober, spät am Abend, versammelte sich eine Gruppe von Offizieren auf dem Posten des Küstenkommandanten und wartete in atemloser Spannung darauf, dass ihr Kommandant, Kapitänleutnant Brunner, die Blockade mit seinem Torpedobootzerstörer S.90 durchbrechen würde.

Zwei Abende zuvor war er in einem tapferen Versuch unterwegs gewesen, Minen auf die Spur der japanischen Schiffe zu legen. Heute sollte er seine letzte und schwierigste Aufgabe erfüllen – die Linie der feindlichen Torpedobootzerstörer zu durchbrechen und eines der feindlichen Schiffe anzugreifen. Es war eine klare Nacht, und nach zehn Uhr würde es keinen Mond mehr geben. Die Zeit kam. Es schlug zehn, dann elf Uhr dreißig – die Spannung wurde unerträglich. Von S.90 war nichts zu sehen. Plötzlich – es war elf – bemerkten wir einen schmalen, grauen Schatten, der sich vorsichtig auf dem Wasser unter den Perlenbergen bewegte. Und bald erkannten unsere scharfen Matrosenaugen die Form des Torpedoboots. „Viel Glück Ihren tapferen Männern!" Unsere Herzen begleiteten sie mit unseren wärmsten Wünschen. Das Boot verschwand aus unserem Blickfeld, und bald war der gefährliche Moment gekommen, in dem sie die feindlichen Linien durchbrechen mussten. Unsere Augen waren fasziniert auf das offene Meer gerichtet und erwarteten jeden Moment das Aufblitzen der Suchscheinwerfer und das Donnern der Kanonen.

Doch alles war still.

Es war Mitternacht. Eine weitere halbe Stunde verging wie im Flug – wir atmeten leichter, denn der Feind wusste noch immer nichts von dem bevorstehenden Angriff. Zu diesem Zeitpunkt musste unser Boot den Großteil der Flotte erreicht haben. Aus den Minuten wurden Stunden. Niemand sprach.

Plötzlich um 1 Uhr nachts, weit weg im Süden auf dem offenen Meer, eine gewaltige Feuersäule, und dann von allen Seiten die grellen, tastenden Finger der Scheinwerfer und ein entferntes Gemurmel und Vibrieren.

Hurra! Das war das Werk von S.90. Und schon um 1.30 Uhr erhielten wir folgendes Funkgerät:

„Habe feindliche Kreuzer mit drei Torpedos angegriffen, drei Treffer registriert. Kreuzer sofort in die Luft gesprengt. Werde von Torpedobootzerstörern gejagt, kehre abgeschnitten von Tsingtau zurück, versuche nach Süden zu entkommen und werde, wenn nötig, Boot in die Luft sprengen.

BRUNNER. “

Dieses Telegramm ist Lob genug für Kommandant, Offiziere und Mannschaft.

Ein paar Wochen später traf ich ohne Vorahnung in Nanking auf die S.90 — aber das ist eine andere Geschichte.

KAPITEL VII

DER LETZTE TAG

Die Belagerung verlief planmäßig. Die Japaner gruben sich immer tiefer ein, brachten immer mehr schwere Geschütze auf die Stellungen, und mehrmals griffen große japanische Infanterieeinheiten unsere Infanteriestellungen nachts an, wurden jedoch jedes Mal zurückgeschlagen. Danach setzten sie diese und die Stacheldrahtverhaue davor einem Dauerfeuer aus, das weder bei Nacht noch bei Tag aufhörte. Auch unsere Geschütze schwiegen nie, aber leider mussten wir wegen unserer verbleibenden Munition langsam vorgehen. Die außerordentliche Länge der Belagerung, das unaufhörliche Artilleriefeuer und die schreckliche Anspannung, unter der wir lebten, begannen uns zuzusetzen. Meine eigenen Nerven gerieten außer Kontrolle.

Ich konnte mich nicht mehr zum Essen zwingen, und Schlaf war unmöglich geworden. Wenn ich nachts die Augen schloss, sah ich sofort meine Karte und unter mir das Protektorat mit seinen feindlichen Schützengräben und Stellungen. Mir schwirrte der Kopf, und meine Ohren schmerzten vom Wirbeln des Propellers, und immer und immer wieder hörte ich die Worte des Stabschefs:

„Vergessen Sie nie, Plüschow, dass Sie für Tsingtau inzwischen wertvoller sind als unser tägliches Brot. Versäumen Sie nicht, zurückzukehren und die Maschinerie in Gang zu halten! Und vergessen Sie nicht, dass wir nur wenige Granaten haben und dass wir sie nach Ihren Angaben verwenden. Denken Sie an Ihre Verantwortung!"

Ich war weiß Gott nicht in Gefahr, sie zu vergessen. Ich hatte nur die feindlichen Stellungen im Kopf, stellte mir immer wieder die Befestigungen vor, über die ich geflogen war, versuchte mich zu erinnern, ob ich das, was ich gemeldet hatte, auch wirklich *gesehen* hatte, und ob die wenigen Granaten, die wir noch besaßen, nicht auf meine Veranlassung hin verschwendet worden waren.

Wenn ich mir stundenlang den Kopf zerbrochen hatte, schlief ich manchmal gegen drei Uhr morgens ein, erschöpft von Körper und Seele. Doch kaum war ich eingeschlafen, rief die Pflicht, und mein Mechaniker stand an meinem Bett und meldete, dass meine Maschine für einen weiteren Flug bereit war. Das bedeutete sofortiges Handeln, und bald stand ich neben meiner Taube und prüfte alle ihre Teile.

Manchmal fühlte ich mich merkwürdig und ziemlich nervös; aber sobald ich in meinem Pilotensitz saß und den Gashebel in der Hand hielt, nachdem ich meinen Helfern zugenickt hatte, hatte ich nur noch einen Gedanken, nämlich meine Aufgabe mit eiserner Entschlossenheit und Ruhe auszuführen. Und als ich den Start hinter mir hatte und sicher eine Höhe von einigen hundert Metern erreichte, fühlte ich mich wieder ganz wohl.

Ein Umstand bedrückte mich besonders: die absolute Einsamkeit, die ewige Einsamkeit meiner Flüge. Hätte ich nur einen Kameraden gehabt, mit dem ich gelegentlich Zeichen hätte austauschen können, wäre mir das enorm geholfen. Ein weiterer Grund zur Verzweiflung war die Unmöglichkeit, wegen des Regens oder meines defekten Propellers mehrere Tage lang zu fliegen. Und als ich wieder losfuhr, stellte ich so viele Veränderungen in den Stellungen des Feindes fest, dass ich fast der Verzweiflung verfiel. Was sollte ich angesichts dieses Gewirrs von Gräben, Zickzacklinien und neuen Stellungen tun? Oft fiel mir die Karte aus den kraftlosen Fingern. Aber das war keine dauerhafte Phase.

Ich riss mich zusammen, nahm meinen Bleistift und blickte nach unten. Und schon bald hatte ich keine Augen mehr für das, was um mich herum geschah – meine ganze Aufmerksamkeit galt dem Feind und meinen Notizen.

Der 27. Oktober war für uns ein Festtag. Von Seiner Majestät dem Kaiser erhielten wir folgendes Telegramm:

„Mit Stolz blicke ich und das ganze deutsche Volk auf die Helden von Tsingtau, die ihre Pflicht getreu dem Wort ihres Statthalters erfüllen. Meine Dankbarkeit ist Ihnen sicher.“

Es gab in Tsingtau kaum jemanden, dessen Herz bei diesem Lob nicht höher schlug. Unser oberster Kriegsherr, der zu Hause so viel schwere Arbeit zu erledigen hatte, vergaß seine treue kleine Truppe im Fernen Osten nicht. Jeder von uns schwor, seine Pflicht bis zum Ende zu erfüllen, um seinem Kaiser zu gefallen.

Bald war der 31. Oktober da – Mikados Geburtstag. Durch unsere Späher hatten wir erfahren, dass die Japaner diesen Tag für die Eroberung von Tsingtau festgelegt hatten. Es ist unmöglich, diesen Tag zu beschreiben.

Die Japaner hatten sämtliche Landbatterien für die Nacht in Stellung gebracht und am 31. Oktober 1914 um 6 Uhr morgens begann der Bombardement von Land und See aus.

Ihre ersten Treffer ließen die Benzintanks explodieren, und eine dicke, riesige Rauchsäule stieg wie ein ominöses Rachesignal zum Himmel empor. Die Japaner schossen vom Land aus mit schweren 20-Zentimeter-Granaten, und die Schiffe hatten ihre schwersten Geschütze auf uns gerichtet. Das Zischen der herabsinkenden Haubitzengranaten, das Pfeifen und Explodieren der Granaten und ihre Detonationen beim Platzen, das Bellen der Granatsplitter und das Dröhnen unserer eigenen Geschütze erzeugten einen Lärm, als ob die Hölle selbst losgebrochen wäre.

Auch die Außenwerke und die gesamte Umgebung wurden schwer beschädigt; Bergkuppen wurden eingeebnet, tiefe Krater taten sich im Boden auf.

Gegen Abend ließ das Feuer des Feindes nach. Er war davon überzeugt, und wir auch, dass all unsere Verteidigungsanlagen zerstört waren, denn sie sahen aus wie ein Trümmerhaufen. Doch als unsere tapferen Jungs in Blau zu ihren Kanonen eilten, um sie aus dem Erd- und Steinhaufen auszugraben, fanden sie fast alle Batterien vergleichsweise unbeschädigt vor.

Plötzlich, mitten in der Nacht, als wir die Formation der stürmenden Kolonnen erkennen konnten, schossen aus den Mündungen aller Kanonen Feuerstürme, die den Japanern zahllose Verluste zugefügt haben müssen.

Es kam nicht zu einem Angriff, wie geplant, und am nächsten Tag bombardierte uns die feindliche Artillerie nur halbherzig. Gleichzeitig war sie jedoch stark genug, um fünfzig erfolgreiche Treffer auf unser kleines Fort Hu-Chuin-Huk zu erzielen.

Die Japaner profitierten von den Erfahrungen jener Nacht. Es folgten acht schreckliche Tage und Nächte, denn ihre Artillerie donnerte ohne Pause.

Man hätte annehmen können, dass keiner von uns diesem grauenhaften, donnernden Feuer entkommen konnte. Doch wie durch ein Wunder hatten wir nur sehr wenige Verluste zu beklagen. Die japanische Artillerie schoss mit großer Präzision, was nicht verwunderlich ist, da viele ihrer Artillerieoffiziere in unserer Artillerieschule in Jütborg ausgebildet worden waren. Doch ihre Munition war verdorben. Und das war unsere Rettung.

Es gelang ihnen nicht ein einziges Mal, in eines unserer Schanzen oder bombensicheren Gebiete einzudringen. Dem und ihrem Platzfeuer verdanken wir unsere unbedeutenden Verluste.

Den Nörglern in Deutschland, die murrten, unser Kampf um Tsingtau könne nicht ernst sein, wenn wir vergleichsweise so wenig gelitten hätten, möchte ich sagen, dass wir nur eine einzige Verteidigungslinie hatten, die aus fünf Infanteriestellungen, einer Brustwehr und einem armseligen Stacheldrahtzaun bestand. Diese Linie war 6000 Meter lang und wurde von 3000 Mann gehalten. Wir hatten weder eine zweite Linie noch eine zweite Stellung und vor allem keine Männer für deren Verteidigung übrig, denn unsere gesamte Garnison bestand nur aus 4000 Mann.

Als nach einer Woche schweren, anhaltenden Artilleriefeuers unsere Stacheldrahtverhaue und Brustwehren in Stücke geschossen waren, war es für die 30.000 Japaner, die wir wochenlang in Schach gehalten hatten, ein Leichtes, durchzustürmen und die Kapitulation Tsingtau zu erzwingen.

In den ersten Novembertagen bereiteten wir uns auf das Ende vor. Am 1. wurde unser treuer Verbündeter, der österreichische Kreuzer *Kaiserin Elisabeth* , von seiner tapferen Besatzung in die Luft gesprengt, nachdem er seinen letzten Schuss abgefeuert hatte. Wenige Tage später folgte ihm unser letztes Schiff, das tapfere kleine Kanonenboot *Jaguar* .

Es folgten unser Deck und unser Kran, und dann waren unsere Kais an der Reihe.

Unsere Geschütze halfen uns nicht mehr viel. Einige waren außer Gefecht gesetzt, andere durch feindliches Artilleriefeuer zerstört, die meisten sprengten wir selbst in die Luft.

Am 5. November 1914 war ich gezwungen, die Zerstörung meines Doppeldeckers selbst in die Hand zu nehmen. Es war mir mit Hilfe eines österreichischen Ex-Fliegers, Leutnant Clobuczar, gelungen, ein wunderschönes, großes zweisitziges Wasserflugzeug zu konstruieren. Es lag in Bereitschaft, und es war meine Absicht gewesen, damit aufzuklären, da unser Flugfeld, das nur 4000 bis 5000 Meter entfernt war, aber unter ständigem feindlichen Feuer stand, nicht mehr genutzt werden konnte.

Aus meinem Doppeldecker wurde nichts, und all unsere Mühe war vergebens, denn am Nachmittag ließ mich unser Chef zu sich rufen und sagte:

„Wir erwarten den japanischen Hauptangriff jeden Moment. Sorgen Sie dafür, dass Sie die Festung mit dem Flugzeug verlassen, obwohl ich fürchte, die Japaner werden Ihnen keine Zeit dazu lassen. Und nun, Gott schütze Sie und möge Sie sicher durchkommen. Ich danke Ihnen für die Arbeit, die Sie für Tsingtau geleistet haben!“

Er gab mir die Hand. Ich sagte stramm stehend:

„Ich melde mich gehorsam als Verlassen der Festung!“ Und damit war ich entlassen.

Ich verabschiedete mich von meinen Vorgesetzten und meinen Kameraden und bekam ein großes Bündel privater Korrespondenz anvertraut. Dann kehrte ich zum letzten Mal in meine Villa zurück und verabschiedete mich von meinen Zimmern und den vielen Gegenständen, an denen ich liebgewonnen hatte. Ich öffnete die Tür meines Stalles, ließ mein kleines Pferd und meine Hühner frei und ging hinunter zu meinem Flugzeug, um es für seinen letzten Flug vorzubereiten. Danach saß ich da, studierte meine Karte, lernte sie auswendig und stellte meine Berechnungen an.

Nachts stieg ich auf die Bergkuppe, wo mein Freund, Oberleutnant Aye, mit seiner kleinen Batterie wochenlang unter heftigstem Artilleriefeuer ausgeharrt hatte. Von dort hatte man eine herrliche Aussicht auf Kiautschou und Umgebung. Ich saß eine Zeitlang auf dem höchsten Gipfel und war fasziniert von dem Panorama zu meinen Füßen. Unter uns ein Meer aus Feuer, Blitze der Geschütze donnerten durch die Luft, und wie ein goldener Faden erstreckte sich von Meer zu Meer das gelbe Gewehr- und Maschinengewehrfeuer. Direkt über meinem Kopf schrien, zischten und pfiffen Tausende von Granaten, die dicht über die Bergkuppe hinwegfegten und darauf aus waren, ihre Ziele zu erreichen. Hinter mir dröhnten unsere schweren Haubitzen ihre letzte Botschaft, und in der Ferne erklangen vom südlichsten Punkt Kiautschous aus die 29-Zentimeter-Geschütze des Forts Hstanniwa ihr Schwanengesang.

Zutiefst erschüttert kehrte ich zu Aye zurück, verabschiedete mich herzlich von ihm und nahm alle seine guten Wünsche für mein Vorhaben mit, bevor ich ihm, nachdem ich ihm herzlich die Hand geschüttelt hatte, den Rücken kehrte.

Ich war der letzte Offizier in Tsingtau, dem dies geschah, denn er fiel wenige Stunden später im heroischen, aber ungleichen Kampf gegen die Japaner. Er und seine tapfere kleine Truppe zogen den Tod der Kapitulation vor. Ein wahrhaft leuchtendes Beispiel edlen Heldentums.

Die restlichen Stunden verbrachte ich mit meinen vier tapferen Helfern in Bereitschaft neben meiner Maschine, um im Falle eines Durchbruchs der Japaner sofort meine Befehle ausführen zu können.

Am 6. November 1914, im frühen Morgengrauen, der Mond schien noch, stand mein Flugzeug startklar und mein Propeller summte fröhlich seine Morgenhymne.

Es gab keine Zeit mehr zu verlieren. Auf dem Flugplatz war es durch den anhaltenden Granat- und Splitterbeschuss äußerst ungemütlich geworden.

Noch einmal begutachtete ich meine Maschine, schüttelte meinen Männern die Hand, streichelte meinem treuen Hund über den Kopf, dann gab ich Gas und meine Taube schoss wie ein Pfeil in die Nacht.

Plötzlich, etwa 30 Meter über dem Zentrum des Flugplatzes, bekam meine Maschine einen fürchterlichen Stoß, und nur mit aller Kraft konnte ich verhindern, dass sie abstürzte. Gerade war eine feindliche Granate explodiert, und der durch die Detonation entstandene Luftdruck hätte mich fast zu Boden geschleudert. Aber Gott sei Dank blieb ein großes Loch in meiner linken Maschine, das ein Granatsplitter verursacht hatte, als Schaden aus.

Es folgte der übliche Granatsplitterhagel – mein letzter Abschied von den Japanern und ihren englischen Verbündeten.

Als ich hoch genug war, drehte ich mich noch einmal um und sah unser liebes kleines Tsingtau an, das so viel gelitten hatte und noch leiden musste. Unser geliebtes zweites Land – das Paradies auf Erden.

Zwei einander gegenüberliegende Feuerlinien waren deutlich zu erkennen, und man konnte das schwache Dröhnen von Kanonen hören – sichere Vorboten eines erneuten Angriffs und einer verzweifelten Verteidigung.

Würden wir es zum dritten Mal abwehren können? Ich winkte in Richtung Tsingtau! Lebt wohl, meine treuen Kameraden, die ihr dort unten kämpft!

Dieser Abschied war unendlich bitter und ich rang um Fassung. Mit einem schnellen Ruck riss ich meine Maschine herum und steuerte sie in Richtung Kap Taschke.

Als die Sonne in all ihrer Pracht aufging, schwebte ich bereits im blauen Äther, hoch über den wilden Berggipfeln des Südens.

Ich hatte die Blockade auf wirklich moderne Weise durchbrochen.

KAPITEL VIII

IM SCHLAMM DES CHINESISCHEN REISFELDES

Die feindliche Flotte lag hinter den Perlenbergen vor Anker. Ich konnte der Versuchung nicht widerstehen und umflog sie noch einmal. Dann bahnte ich mir meinen Weg immer weiter Richtung Südchina, einem unbekannten Land mit ungewissem Schicksal. Ich flog über schroffe Berge, über Flüsse und weite Ebenen, mal über das offene Meer, mal hoch über Städte und Dörfer.

Ich orientierte mich nach Karte und Kompass und hatte um 8 Uhr morgens bereits 250 Kilometer hinter mir und mein Ziel erreicht: Hai-Dschou in der Provinz Kiangsu.

Ich spähte auf der Suche nach einem geeigneten Landeplatz in die Ebene unter mir, doch meine Aussichten waren nicht allzu vielversprechend.

Die sintflutartigen Regenfälle der letzten Wochen hatten den Boden in einen regelrechten Sumpf verwandelt. Die einzigen trockenen Stellen waren mit Häusern oder chinesischen Grabhügeln bedeckt. Schließlich entdeckte ich ein kleines Feld, 200 Meter lang und 20 Meter breit, das auf zwei Seiten von tiefen Gräben und hohen Mauern und auf den anderen Seiten vom Fluss begrenzt war.

Die Landung war verdammt schwierig, aber es ließ sich nicht ändern, denn ewig oben bleiben konnte ich nicht. Außerdem war ich in China und nicht in Deutschland und konnte von Glück reden, diesen Platz überhaupt gefunden zu haben.

Ich ging in weiten Kurven nach unten. Und nach einer steilen Spirale, bei der die Maschine infolge des Unterdrucks in der Atmosphäre stark durchsackte, landete ich um 8.45 Uhr mitten im sumpfigen Reisfeld.

Der Lehm war so weich und klebrig, dass das Flugzeug im Schlamm versank und die Räder feststeckten; meine Maschine landete auf der Nase und hätte im letzten Moment beinahe eine Kehrtwende gemacht. Der Propeller zersplitterte in Stücke, aber zum Glück kam ich unverletzt davon.

Die Stille, die herrschte, kam mir nach dem unaufhörlichen Krachen und Kriegsgetümmel der letzten Wochen unheimlich vor. Meine kleine Taube ruhte ruhig und friedlich im hellen Sonnenschein, mit erhobenem Schwanz und der Nase im Schlamm. In der Ferne konnte ich eine Schar Chinesen erkennen – Männer, Frauen und Scharen von Kindern – die in ehrfürchtigem Staunen vorwärts drängten. Sie und alle anderen Chinesen, über deren Land ich geflogen war, konnten sich meine Anwesenheit nicht erklären, denn ich war der erste Flieger, den sie je gesehen hatten, und sie waren alle davon überzeugt, dass ich ein böser Geist war, der auf ihre Vernichtung aus war.

Als ich also aus meiner Maschine kletterte und versuchte, ihnen ein Zeichen zu geben, waren sie nicht mehr zu halten. Sie flohen alle heulend und schreiend, die Männer zuerst, und ließen die Kinder zurück, die als Friedensopfer für den Teufel zurückblieben. Ich glaube nicht, dass mein Erscheinen im tiefsten Afrika größere Bestürzung hätte auslösen können.

Sofort entschlossen rannte ich ihnen nach und zerrte drei oder vier von ihnen an ihren Zöpfen zur Maschine, um sie davon zu überzeugen, dass der große Vogel harmlos war.

Das half nach einer Weile, und als ich ihnen einige Goldstücke schenkte, behaupteten sie, durch einen glücklichen Zufall seien sie in der Gegenwart eines guten Geistes gewesen; deshalb halfen sie bereitwillig, das Flugzeug wieder in eine horizontale Lage zu bringen. Als die anderen das sahen, versammelten sie sich in solchen Scharen um mich, dass ich überrascht war, dass die Maschine nicht zerquetscht wurde.

Wie die Chinesen staunten! Wie sie alles berührten und untersuchten! Wie sie lachten und schwatzten!

Nur wer die Chinesen und ihr kindliches Wesen kennt, kann die amüsante Situation ermessen, in der ich mich befand.

Ich saß auf meinem Pilotensitz, über der Blechdose mit den Geheimpapieren, mit einer Mauser-Pistole in der Hand, umringt von einer Horde von Kindern der Natur, die ich trotz wiederholter Versuche nicht loswerden konnte. Die Wesen grinsten nur fröhlich und machten sich über mich lustig.

Ich wurde schließlich aus dieser misslichen Lage befreit, als mir ein „Guten Morgen, Sir" ins Ohr dröhnte. Ein Herr, der sich als Dr. Morgan von der amerikanischen Mission vorstellte, stand vor mir. Wir begrüßten uns herzlich, und ich erzählte Dr. Morgan, was geschehen war, und bat ihn, mir mit seinen Kenntnissen der chinesischen Sprache, die er fließend sprach, zu helfen. Ich merkte bald, dass ich in guten Händen war.

Mein großer chinesischer Pass, den ich aus Tsingtau mitgebracht hatte, wurde sofort an den Mandarin geschickt; eine Stunde später traf eine Abteilung von vierzig Soldaten aus der ganz in der Nähe gelegenen Kaserne ein, um meine Maschine zu bewachen.

Ich nahm Dr. Morgans Einladung zum Frühstück gerne an und machte mich mit ihm, beladen mit allen beweglichen Gegenständen meines Flugzeugs, auf den Weg zur Mission.

Ich wurde sehr herzlich empfangen und lernte Mrs. Morgan, Mrs. Rice, die Frau des amerikanischen Missionars, und einen Mr. G. kennen, die sich alle sehr für mich interessierten.

Ich hatte mich gerade zum Frühstück niedergelassen, als ein chinesischer Offizier erschien und mitteilte, dass eine Ehrenwache, bestehend aus einer Kompanie Soldaten, vor dem Haus postiert worden sei und dass er von seinem Mandarin den Auftrag erhalten habe, meine Wünsche und meinen Zustand zu erfahren. Der Mandarin selbst würde mich jedoch in einer halben Stunde besuchen.

Ich habe mich sehr über so viel Entgegenkommen gefreut.

Nach weiteren zehn Minuten traf neuer Besuch ein, diesmal von der Stadtverwaltung von Hai-Dschou, die mich persönlich begrüßen wollte.

Die Situation war einzigartig. Ich saß inmitten dieser ehrwürdigen alten Chinesen, nachdem wir zahlreiche Verbeugungen und Ehrerbietungen ausgetauscht hatten. Das Gespräch wurde bald lebhafter, wobei Dr. Morgan als Dolmetscher fungierte.

Ihre Fragen nahmen kein Ende: Woher kam ich? Wie ging es mir in Tsingtau? War es wirklich wahr, dass ich durch die Luft gekommen war? Wie lange hatte ich für meinen Flug gebraucht? Welche Zauberei hatte ich angewandt, um fliegen zu können? Es war kaum möglich, alle ihre Fragen zu beantworten, und obwohl sich unser Dolmetscher unendlich viel Mühe gab, bin ich sicher, dass die Söhne des Himmels nicht viel klüger waren.

Bald gab es eine kleine Pause.

Während wir so da saßen und uns unterhielten, wurde Besuch für die Dame des Hauses angekündigt, und zehn oder zwölf entzückende kleine Chinesinnen, eingehüllt in wundervolle seidene Gewänder und Hosen, trippelten an uns vorbei. Zwei oder drei von ihnen blieben in der Nähe der Tür des Zimmers stehen, in dem wir Männer saßen, und starrten uns mit großen, runden Augen und kleinen, halb geöffneten Mündern voller Ehrfurcht und Faszination an. Mrs. Morgan rief sie aus dem Nebenzimmer, und sie zuckten erschrocken zusammen und rannten davon. Den Grund für ihr seltsames Verhalten erfuhr ich erst später. Es scheint, dass es ein gesellschaftlicher *Fauxpas ist* , wenn eine Chinesin von vornehmer Geburt einen männlichen Besucher durch ihre neugierigen Blicke beleidigt.

Die drei Sünderinnen erhielten eine strenge Rüge. Ich muss gestehen, dass mir dieser Brauch nicht gefiel, denn ich hätte mir die eleganten kleinen Damen gern einmal genauer angesehen.

Meine Gastgeberin gestand mir, dass auch sie von den Fragen ihrer Gäste geplagt worden war. Vor allem wollten sie wissen, wer dieser böse Geist sei, der ihre Stadt brüllend und knurrend bedroht habe. Als man ihnen sagte, dass es sich um einen einfachen Menschen aus Tsingtau handele, lachten sie und erklärten, dass sie nicht so dumm seien, *das zu glauben* !

Mrs. Morgan versicherte mir lachend, dass alles, was in den nächsten zwei Jahren schiefgehen könnte, wie Missernten, Fehlgeburten oder Unfälle jeglicher Art, auf mein Konto gehen würde und sich für die Medizinmänner als unschätzbar wertvoller Dienst erweisen würde.

Der Mandarin traf gegen elf Uhr ein, ein Tumult aus Tomtoms, Trommeln und Pfeifen war angesagt. Er kam mit großer Würde auf uns zu, eine imposante Gestalt mit runden Proportionen, sorgfältig rasiertem Kopf und in prächtige Seidengewänder gekleidet. Unsere Begrüßungen waren äußerst förmlich und die tiefen Verbeugungen bis zum Boden schienen endlos.

Der Mandarin erkundigte sich eingehend nach meiner Gesundheit und meinen Wünschen und versicherte mir seine Hilfe und seinen Schutz. Mit der gleichen Zeremonie verabschiedete er sich.

Sobald ich diesen offiziellen Besuch erwidert hatte und zum Abendessen beim Mandarin eingeladen worden war, begann ich, mein Flugzeug auseinanderzunehmen.

Aber das war leichter gesagt als getan. Ich besaß nur einen Schraubenschlüssel und musste nun nach Werkzeug suchen. Außerdem war ich in China und in einem Teil des Landes, in dem sich die letzten tausend Jahre nicht verändert hatten. Schraubenschlüssel oder Schraubenzieher waren unbekannte Größen.

Schließlich entdeckte ich in der amerikanischen Mission eine Axt und einen schäbigen Gegenstand, der wie eine Säge aussah.

Ich machte mich mit diesen Werkzeugen an die Arbeit und da ich zumindest meinen treuen 100-PS-Mercedes-Motor vor der Zerstörung bewahren wollte, sägte und hackte ich ihn von der Karosserie ab. Ein Beweis genug für die Gründlichkeit deutscher Handarbeit, denn ich brauchte volle vier Stunden, um ihn abzutrennen.

Um den neutralen Gesetzen zu entsprechen, habe ich den Motor dem Mandarin zur sicheren Aufbewahrung übergeben.

Dann kam der traurigste Teil. Da der Rest meiner Maschine, selbst ohne Flugzeuge, durch keine der Straßen oder Tore der Stadt fahren konnte, musste ich sie den Flammen überlassen. Ich übergoss sie mit Benzin, zündete sie an und sah, wie sie vor meinen Augen zu Asche wurde.

Und als ich da stand und den Untergang meiner armen, tapferen Taube mit ansehen musste, hatte ich das Gefühl, einen lieben und treuen Freund zu verlieren.

KAPITEL IX

Mr. Macgarvins Ptomaine-Vergiftung

Am Abend gab der Mandarin seinen Empfang.

Als ich aus der Tür trat, erstrahlte der ganze Hof in einem Licht aus Fackeln und unzähligen großen chinesischen Laternen. Die Wache präsentierte ihre Waffen, die Trommeln schlugen und die Musiker spielten uns Melodien vor – die kaum einem anderen als den chinesischen Ohren gefielen. Der Mandarin hatte mir sogar seine eigene Sänfte geschickt.

Ich werde diesen Abend nie vergessen. Ich saß in einer Sänfte, die mit blauer Seide gepolstert war und deren Fenster mit Vorhängen verhängt waren. Sie wurde von acht kräftigen Kerlen getragen. Vor, an den Seiten und hinter der Sänfte marschierten Soldaten mit aufgepflanzten Bajonetten und Dutzende Läufer mit Papierlaternen. Die Sänfte schwankte sanft im Takt der Schritte der Träger. Alle zehn Minuten gab der Mann an der Spitze ein lautes Signal, indem er mit seinem Stock auf den Boden klopfte. Die Sänfte hielt an, die Träger verlegten die Tragestangen auf die andere Schulter, und weiter ging es wie der Wind.

Nach vierzig Minuten erreichten wir den Palast des Mandarins. Ohrenbetäubende Musik, gebrüllte Befehle und das Licht vieler Laternen und Fackeln begrüßten uns. Die mittleren Türen der riesigen Portale flogen vor mir auf, und vor der letzten trat der Mandarin persönlich vor, um mich zu empfangen.

Mehrere hohe Würdenträger und Generäle hatten sich bereits versammelt, und nach zeremoniellen Begrüßungen wurde der gewöhnliche grüne, dünne Tee als Zeichen der Begrüßung herumgereicht. Ich nutzte die Gelegenheit, um dem Mandarin als Zeichen meiner Dankbarkeit meine Mauser-Pistole samt Munition zu überreichen. Er war sichtlich erfreut, und wir setzten uns in bester Laune zu unserem Essen. Ein riesiger, runder Tisch, bedeckt mit etwa fünfzig Tellern, in denen die köstlichsten chinesischen Köstlichkeiten schwammen, erwartete unser Vergnügen. Als besonders geehrter Gast wurden mir Messer und Gabel gereicht, und das Fest begann. Ich zählte die Gänge, verlor aber beim sechsunddreißigsten den Überblick! Aber was war mit der Speisekarte? Von den zarten Schwalbennestern bis zu den feinsten Haifischflossen; von Zuckerrohrsalat bis zu den vollkommensten Hühnereintöpfen – nichts war vergessen worden. Ich musste alles probieren, und der Mandarin war unermüdlich in seiner Aufmerksamkeit und nahm sogar manchmal eine besondere Köstlichkeit von seinem eigenen Teller, um sie mit seinen eigenen Fingern auf meinen zu legen! Wir tranken Flaschenbier aus Deutschland! Und deutschen Schnaps.

Die schwierigste Aufgabe fiel Herrn Morgan zu, denn er musste das Gespräch dolmetschen, das nicht ohne komische Aspekte war.

Die Schlachten um Tsingtau, die Verluste der Japaner und Engländer und die Fliegerei interessierten die Chinesen am meisten. Ihre Fragen gingen nie aus.

Ich verabschiedete mich herzlich und dankbar von meinem Mandarin und am nächsten Tag tat ich dasselbe von meinen liebenswürdigen Gastgebern.

Als ich mit meinem Flugzeug landete, hatte ich nur eine Zahnbürste, ein Stück Seife und meine Fliegerausrüstung, *d. h.* meine Lederjacke, einen Schal und Leggings. Außerdem hatte ich einen Zivilanzug mitgenommen. Den zog ich jetzt an. Die fünfjährige Tochter unseres Missionars schenkte mir als Ersatz für meine Sportmütze, die mir ein Chinese beim Zerlegen meiner Maschine gestohlen hatte, ihr altes, schäbiges Filzhütchen. Und am Abend wurde ich noch einmal feierlich zur Dschunke geführt, die mir zur Verfügung gestellt wurde.

Mein Gefolge und zugleich meine Ehrenwache während der kommenden Reise bestand aus dem als Piratenbekämpfer bekannten chinesischen General Lin, zwei Offizieren und 45 Mann, abgesehen von der Schiffsbesatzung. Ich war nach all dem Durchgemachten furchtbar erschöpft und begab mich in mein kleines Holzzimmer, wo ich zu meiner Freude und Überraschung statt der Pritsche einen schönen Schlafsack mit Matratze und Decken vorfand, den mir die aufmerksame Frau des Missionars an Bord geschickt hatte. Ohne diese wäre ich in meinen dünnen Sportkleidern schlecht weggekommen. Es war bitterkalt, der Wind pfiff durch die Ritzen und Ritzen, und durch das Sonnensegel konnte ich den Sternenhimmel sehen. Und während meine Gedanken bei meinen tapferen Kameraden in Tsingtau schweiften und ich dankbar an die vielen Kämpfe und Gefahren dachte, die ich durchgestanden hatte, um meine Aufgabe bis zum Ende zu erfüllen, überkam mich der Schlaf und hüllte mich in seine Arme.

Die Reise verlief in langsamen Etappen. Die Dschunken wurden von zwei Kulis mit Hilfe eines Seils, das an unserem Mast befestigt war, stromaufwärts gezogen. Für die erste Etappe nach Bampu, die ich mit meinem Flugzeug in zwanzig Minuten überflogen hatte, brauchten wir anderthalb Tage. Später kamen wir schneller voran, besonders wenn ein günstiger Wind unsere Segel füllte. Aber erst fünf Tage später erreichten wir Nanking.

Unsere Reise interessierte mich außerordentlich, denn wir durchquerten ein Gewirr von Flüssen bis zum berühmten Kaiserkanal und erreichten über diesen Nanking über den Jangtsekiang. Das Land war berühmt für seine Piraten und wir passierten Städte, in die noch kein Europäer je seinen Fuß gesetzt hatte. Tagsüber, während die Dschunke geschleppt wurde, ging ich mit dem General und einigen unserer Wachen am Ufer entlang und beobachtete mit großem Interesse das aktive und geschäftige Leben dieser Städte, die noch von der westlichen Zivilisation unberührt waren. Chinesische Männer, Frauen und Kinder kamen aus ihren Häusern gerannt und starrten erstaunt auf den Anblick eines blonden Mannes mit blauen Augen, der keinen Hut trug. Und manchmal berührten sie meine Kleidung, um sich davon zu überzeugen, dass ich wirklich ein Mensch war.

Meine Spaziergänge und mein Leben auf der Dschunke verliefen ruhig und ziemlich still. Mein höflicher General trug zwar europäische Kleidung, hatte aber die typisch chinesischen Bänder um die Knöchel geschlungen und trug einen schönen, langen „Schwanz", der kokett unter dem Gürtel seiner Jacke steckte. Der gute Mann beherrschte kein Wort einer anderen Sprache als Chinesisch, und ich konnte nichts davon. Während unserer Mahlzeiten, die äußerst reichhaltig waren, aber schrecklich nach Zwiebeln und Knoblauch stanken, saßen wir uns gegenüber und grinsten uns freundlich an – und das war unsere ganze Unterhaltung.

Am 11. November kamen wir endlich in Yang-dchou-fou an, und man kann sich vorstellen, mit welcher Gier ich mich auf die erste Zeitung stürzte.

Voller Aufregung in der Erwartung, endlich etwas über das Schicksal von Tsingtau zu erfahren, verschlang ich die Seiten der *Shanghai Times* . Auf der zweiten Seite stand der Name Tsingtau. Aber was war das? Konnte es einen solchen Verrat auf der Welt geben? Denn mit Abscheu und Abscheu vor der niederträchtigen, englischlügnerischen Brut las ich Folgendes:

„ DIE FEIGE KAPITULATION VON TSINGTAU. DIE FESTUNG WURDE OHNE EINEN SCHLAG EINGENOMMEN. DIE GARNISON WAR BETRUNKEN UND PLÜNDERTE. "

Und danach so viel Dreck, so niederträchtige Lügen, dass ich die Zeitung angewidert wegwarf. Und das war es, was die Engländer, die sich vor Tsingtau so wenig tapfer verhalten hatten, über unsere tapferen Verteidiger zu behaupten wagten!

Ach, aber ich kannte die englischen Zeitungen damals noch nicht! Später in Shanghai und auch in Amerika musste ich mich an viel Schlimmeres von der amerikanischen Presse gewöhnen, von der englischen ganz zu schweigen. Aber jetzt war ich mir zumindest über das Schicksal von Tsingtau im Klaren, das von Anfang an unausweichlich war. Ich sah auch, wie günstig ich die Festung verlassen hatte, sozusagen am Vorabend ihrer erzwungenen Kapitulation. Wir kamen am 11. November 1914 sicher in Nanking an.

Am Bahnhof wurde ich von Kapitänleutnant Brunner, Kommandant des Torpedobootes S.90, und seinen Offizieren herzlich begrüßt.

Wir fuhren mit der Kutsche zu den Gebäuden, die den Offizieren und der Mannschaft der S.90 zugeteilt worden waren, und wo zu meinem Erstaunen bereits ein Zimmer für mich vorbereitet war. Als ich erstaunt nach dem Grund dafür fragte, sagten mir meine Kameraden, dass ich interniert werden sollte und dass sie sich alle freuten, beim Skat einen vierten Platz zu haben. Ich protestierte lautstark, dass ich nicht Karten spielte; außerdem hatte ich meine eigenen Ansichten zur Frage der Internierung, aber diese behielt ich für mich.

So begab ich mich mit meinem General Lin zum Palast des Gouverneurs von Nanking. Leider oder vielmehr glücklicherweise konnten wir den Gouverneur nicht sehen, und ein alter chinesischer Arzt empfing uns sehr freundlich an seiner Stelle und äußerte die Hoffnung, dass ich in Nanking sehr glücklich sein würde.

Ich habe ihm überschwänglich gedankt, obwohl ich das nicht vorhatte!

Ich verabschiedete mich nun von meinem General Lin, der sichtlich erleichtert schien, seine Mission erfüllt zu haben. Doch als ich in meine Kutsche stieg, folgte mir ein voll bewaffneter chinesischer Soldat.

Als ich erstaunt um eine Erklärung bat, teilte er mir in einigermaßen verständlichem Deutsch mit, dass er meine „Ehrenwache" sei, mir zu meinem *Schutz zugeteilt worden sei* und mich von nun an bei allen meinen Kommen und Gehen begleiten würde.

Das war *zu* schade! Hatte man mir in Hai-Dchou nicht offiziell versichert, dass meine Verlegung nach Nanking eine reine Formalität sei und ich völlig frei sein würde?

Sie wollten mich also als Praktikanten aufnehmen?

In diesem Fall musste ich sofort handeln, bevor ich den Chinesen die Chance gab, mir dies mitzuteilen und mir meine Freiheit zu rauben. Die „Ehrengarde" war ein Ärgernis, aber ich hoffte, Mittel und Wege zu finden, ihn loszuwerden.

Am selben Abend wurden wir alle in das Haus eines deutschen Freundes eingeladen. Ich hatte meinen Plan fest im Kopf. Nach einigen angenehmen Stunden, in denen ich immer wieder von den letzten Tagen in Tsingtau erzählen musste, brachen die anderen Offiziere um zehn Uhr auf, gefolgt von ihren treuen Wachen. Ich blieb, aber nach einer halben Stunde kam ich zu dem Schluss, dass ich unbedingt gehen musste, wenn ich noch fliehen wollte.

Doch als mein Gastgeber aus dem Haus trat, wen sah er? Meinen gelben Wächter! Wir waren in einer Zwickmühle; doch ich entschloss mich rasch und schickte unseren „Jungen" los, um ihn zu fragen, was er mit dem Warten bezweckte, denn alle Herren waren schon eine ganze Weile weg, und er würde für seine Unachtsamkeit bestraft werden, wenn er sie nicht einholte.

Und während der arme Teufel hinter ihnen her rannte, brachte mich ein geschlossener Waggon mit halsbrecherischer Geschwindigkeit zum Bahnhof. Ich hatte gerade noch Zeit, mir das letzte Bett im neu gefahrenen Schnellzug zu sichern. Das Schlafabteil war bereits verschlossen, und ein großer Engländer öffnete widerwillig und mit wütendem Gesicht die Tür, als Antwort auf mein energisches Klopfen. Ich ignorierte ihn einfach, sprang in das obere Bett, machte das Licht aus und tat so, als würde ich mich ausziehen. In Wirklichkeit kroch ich unter meine Kissen und Decken, entschlossen, unter keiner Provokation aufzuwachen. Aber während der nächsten acht Stunden schlief ich nicht ein. So oft der Zug anhielt, lief mir ein kalter Schauer über den Rücken und ich sagte mir: „Ha, jetzt holen sie mich!" Und als draußen laute Stimmen ertönten, war ich überzeugt, dass meine letzte Zugfahrt während dieses Krieges vorbei war.

Doch nichts geschah. Die Chinesen schienen noch nicht daran gedacht zu haben, im Zusammenhang mit Verhaftungen telegraphisch zu berichten, und so kamen wir planmäßig um sieben Uhr morgens in Shanghai an. Nachdem ich den Fahrkartenschalter passiert hatte, brauste ich in einer Rikscha durch das chinesische Viertel – wo die chinesischen Behörden mich noch immer festhielten – und erreichte schließlich die europäische Seite, wo ich mich sicher und frei von Störungen fühlte.

Ich ging sofort zu einem deutschen Bekannten, der mich mit offenen Armen empfing und dessen Gast ich während der nächsten drei Wochen blieb.

Denn genau das geschah, bevor ich meine Reise fortsetzen konnte. Und wie viele Abenteuer, Gefahren und Versteckspiele hatte es in der Zwischenzeit gegeben!

Denn was lag näher, als dass Oberleutnant P. in meinem Quartier überhaupt nicht bekannt war und Herr Meyer, der sich dort einige Tage aufgehalten hatte, bereits abgereist war?

Dass Mr. Scott zu einem Besuch bei seinen guten Freunden gekommen war, ging natürlich niemanden etwas an. Aber Vorsicht war geboten, besonders weil ich viele Leute in Shanghai kannte, viele davon Engländer, die ich vor dem Krieg in Tsingtau kennengelernt hatte.

Ich nahm vier oder fünf verschiedene Namen an und wohnte nacheinander bei verschiedenen Freunden.

Die größte Schwierigkeit bestand jedoch noch darin, Mittel und Wege zu finden, um nach Amerika zu gelangen. Einmal wäre ich beinahe auf einem *englischen* Schiff entkommen, dank der Vermittlung, die mir ein deutscher Freund vermittelte. Ein englischer Schiffseigner stellte mich als Schweizer vor, der kein Wort Englisch verstand . Ich hörte der ganzen Unterhaltung zu, konnte aber meinen Jubel unterdrücken, als ich hörte, dass ich auf dem Dampfer *Goliath* direkt nach San Francisco fahren sollte. Leider war dieser Aufenthalt nur von kurzer Dauer, denn das Schiff hatte wegen der Flut zwei Stunden zuvor die Anker gelichtet – und wir kamen zu spät!

Ich hätte es mit einem anderen Dampfer versuchen können, aber sie fuhren alle über Japan und ich hatte Angst, das zu riskieren.

Doch das Glück war mir hold. Eines Tages traf ich zufällig einen Freund, mit dem ich schon viele lustige Nächte in den fernöstlichen Ecken verbracht hatte; er war sofort bereit, mir zu helfen. Und schon nach wenigen Tagen hatte ich die nötigen Papiere und alle nötigen Anweisungen erhalten. Aus einem Mr. Scott, Meyer oder Brown wurde plötzlich ein angesehener Engländer, der im Geld schwamm und den schönen und würdigen Namen MacGarvin trug. Dieser Gentleman war Vertreter der Singer Sewing Machines Company und auf dem Weg von Shanghai zu seinen Fabriken in Kalifornien.

Was lag für Mr. MacGarvin näher, als auf einem der ersten amerikanischen Postdampfer zu reisen!

An Bord dieses Schiffes gab es nur zwei luxuriöse Kabinen. Die eine war einem amerikanischen Multimillionär zugewiesen, die andere Oberleutnant Plüschow – nein, ich meine Mr. MacGarvin. Eine Schwierigkeit blieb noch: unbemerkt aus Shanghai zu entkommen.

Aber auch hier kamen mir meine Freunde zu Hilfe. Drei Tage vor der Abfahrt des Schiffes nahm ich offiziellen Urlaub und verbreitete das Gerücht, ich fühle mich in Shanghai nicht mehr sicher und fahre nach Peking, um dort bei der deutschen Gesandtschaft zu arbeiten. Um elf Uhr abends fuhr ich mit dem Wagen zum Bahnhof. Woher sollte ich wissen, dass der Kutscher wenige Minuten zuvor abgebogen war und scharf in südlicher Richtung aus der Stadt hinausgefahren war? Was wusste ich schon von Shanghai?

Nachdem wir fast zwei Stunden lang den Wusung-Fluss entlanggefahren waren, hielten wir an. Zwei mit Revolvern bewaffnete Männer kamen näher, ein kurzer Gruß wurde ausgetauscht; mit tiefer Ehrerbietung und Dankbarkeit küsste ich die schlanken, weißen Hände einer Frau, die mir aus dem Inneren des Wagens entgegengestreckt wurden, und dieser wendete und verschwand. Meine beiden Freunde nahmen mich in ihre Mitte, auch ich zog meinen Revolver, und wir stiegen schweigend in die wartende Dschunke.

Die Nacht war stockfinster, der Wind heulte, und das schmutzige, dunkle Wasser gurgelte düster, als es, von der Flut getrieben, vorbeirauschte.

Mit größter Anstrengung übten die vier Schlitzaugen an ihren Skulls, und nach einer Stunde erreichten wir unser Ziel, das viele Meilen flussabwärts am gegenüberliegenden Ufer lag!

Lautlos landeten wir, lautlos verschwand die Schrottmülltonne, und ebenso lautlos machten wir uns auf den Weg zu einem dunklen Gebäude, das inmitten eines kleinen Gartens in der Nähe einiger riesiger Fabriken stand.

Nachdem wir die Tür sorgfältig hinter uns verschlossen hatten, waren meine Augen vom grellen Licht der vielen elektrischen Lampen geblendet.

Ich merkte bald, dass wir uns in einem gemütlichen Junggesellenquartier befanden. Der Tisch war gedeckt und wir stürzten uns mutig auf die vielen köstlichen Gerichte. Bei diesem Essen legten wir unsere Taktik fest.

Die Wohnung gehörte den beiden jungen Männern, die tagsüber in der Fabrik arbeiteten. Die Bediensteten waren reine Chinesen, was sehr gut war.

Mein Besuch musste auf jeden Fall geheim gehalten werden, zumal auf dem Gelände auch ein unliebsamer Mensch lebte, der der „Entente" angehörte.

Unsere Absicht war es, die Angst der Chinesen vor bösen Geistern und insbesondere ihren Aberglauben gegenüber Verrückten auszunutzen. Meine Aufgabe bestand also darin, drei Tage lang die Rolle eines Verrückten zu spielen.

Man gab mir ein winziges Zimmer und sperrte mich dort ein. Der „Junge" bekam von seinem Herrn genaue und strenge Anweisungen und so fühlte ich mich sicher, dass ich nicht verraten würde.

Verdammt! Ich hätte nie gedacht, dass es so schwer sein würde, Wahnsinn vorzutäuschen. Drei Tage lang blieb ich in diesem Zimmer eingesperrt, tobte und stampfte herum, ließ mich manchmal auf einen Stuhl fallen und starrte dumm vor mich hin.

Sobald der „Junge", der draußen Wache hielt, diese Symptome bemerkte, öffnete er vorsichtig die Tür und schob blitzschnell sein Tablett mit Essen hinein, zog dann seinen Arm zurück und ich konnte fühlen, mit welcher Erleichterung er mir von außen den Schlüssel umdrehte. Wenn ich manchmal laut loslachte, weil ich mich so gut fühlte, musste der arme Kerl wohl gedacht haben, ich hätte einen neuen Anfall.

Endlich, am Abend des dritten Tages, verließen wir schweigend und vorsichtig das Haus.

In der Nähe der Anlegestelle lag ein großer Dampfer, wir verabschiedeten uns kurz, aber herzlich voneinander und machten uns auf den Weg in Richtung Wusung-Reede.

Das Wetter war schlecht, die See rau und die Gangway war nicht einmal heruntergelassen. Nach lautem Rufen und Schreien erschien endlich jemand und half Mr. MacGarvin mit seinem einsamen Koffer an Bord.

Niemand sah mich auch nur an. Das Deck war im Halbdunkel, und schließlich ging ich zu mehreren Offizieren und erkundigte mich nach meiner Kabine. Irgendetwas Unverständliches wurde mir zugebrüllt, aber als die Herren sich meine Karte genauer ansahen, trat eine plötzliche Veränderung ein. Verbeugungen und Kratzspuren und gewandte Entschuldigungen. Ein Pfiff eines Offiziers, und wie durch Zauberei erschienen mehrere Stewards, angeführt vom weißen Obersteward. Die Decklampen glühten. Die Stewards stritten sich um den Besitz meines Koffers, und der Obersteward führte mich mit *Würde* in meine Kabine. Er strahlte einfach nur Höflichkeit aus.

„Oh, Mr. MacGarvin, warum kommen Sie heute? Der Dampfer fährt erst übermorgen ab, und das war schon mittags in ganz Shanghai bekannt!"

Ich machte ein wütendes Gesicht und brachte meine Empörung darüber zum Ausdruck, dass der Besitzer einer Staatshütte nicht rechtzeitig gewarnt worden war.

Ihm folgte mein dicker chinesischer Kabinensteward, der Ruhe und Vornehmheit in Person war. Aber er brachte mich in Verlegenheit. Einer seiner „Jungs" wurde angewiesen, meinen Koffer zu holen, woraufhin er mich in zweifelndem Ton fragte, ob dies mein gesamtes Gepäck sei.

„Ja", sagte ich.

Er vermutete, dass meine anderen Koffer im Frachtraum waren.

„Natürlich. Mein schweres Gepäck wurde gestern an Bord gebracht und ich hoffe, dass meine wertvollen Besitztümer sorgfältig behandelt wurden."

Oh, wenn der gute Chink erraten hätte, wie stolz ich auf diesen *einen* Koffer war, obwohl er verdächtig leicht war!

Am 5. Dezember 1914 lichtete der Dampfer *Mongolia* endlich die Anker.

Trotz des schönen Wetters und des guten Essens wurde Mr. MacGarvin am nächsten Tag plötzlich krank. Er selbst wusste, was es war. Wahrscheinlich eine schwere Ptomaine-Vergiftung, und der Schiffsarzt wurde sofort gerufen. Er war ein brillanter Mann, ein echter Sportsmann und zu jedem Scherz bereit. Sein besorgtes Gesicht nahm einen erstaunten Ausdruck an, als er statt eines sterbenskranken Patienten mein gerötetes und sonnenverbranntes Gesicht erblickte.

Ich hatte Vertrauen zu ihm und erklärte ihm in wenigen Worten meine Situation. Ich habe selten jemanden so freudig strahlen sehen wie ihn, nachdem ich ihm meine Sünden gebeichtet hatte. Sein lautes Lachen und sein herzlicher Händedruck überzeugten mich, dass ich den richtigen Mann gefunden hatte. Der Verwalter klopfte an die Tür.

Der Schiffsarzt machte ein besorgtes Gesicht, während ich stöhnte. Der Steward huschte herein, und der Amerikaner sagte in gedämpften, eindringlichen Tönen zu ihm: „Schauen Sie mal, Junge! Dieser Kapitän ist sehr krank, stören Sie ihn nicht, er kann vor zehn Tagen nicht aufstehen; geben Sie ihm reichlich gutes Essen, das vom Koch ausgewählt wurde; bringen Sie es ihm immer ans Bett. Wenn der Kapitän etwas will, rufen Sie mich!"

Während dieser Rede hielt ich bereits ein Ende der Decke im Mund, und wenn ich länger gedauert hätte, hätte ich sie ganz verschluckt. Wieder einmal stand ich im Mittelpunkt der Bühne.

Drei Tage auf See, und dann kam der erste der drei japanischen Häfen, die ich fürchtete. Der Dampfer lief friedlich in Nagasaki ein, und sofort überschwemmte eine Flut von Zollbeamten, Polizisten und Detektiven das Boot. Die Glocke läutete durch das Schiff und rief Passagiere und Mannschaft zur Untersuchung. Und nun begann die ganze Prozedur. Die Passagiere waren im Salon versammelt. Jeder wurde mit Namen aufgerufen; Mann, Frau und Kind wurden von einer Kommission aus Polizisten und Detektiven befragt; ihre Papiere wurden genau untersucht; und sie selbst wurden vom japanischen Arzt auf Infektionskrankheiten untersucht. Vor allem wollten sie wissen, wer von ihnen aus Tsingtau kam. Der fünfunddreißigste Name, der aufgerufen wurde, war der von MacGarvin. Alle sahen sich um, denn natürlich hatte ihn niemand gesehen. Daraufhin näherte sich der Schiffsarzt, sah sehr ernst aus und flüsterte seinem japanischen Kollegen eine schreckliche Nachricht ins Ohr.

Etwa fünfzehn Minuten später hörte ich vor meiner Kabine ein Stimmengewirr. Die Tür wurde vorsichtig geöffnet. Der amerikanische Schiffsarzt kam herein, und hinter ihm schlichen zwei japanische Polizisten und der japanische Arzt herbei. Das arme Opfer der Ptomaine-Vergiftung lag zusammengekauert da, stöhnte leise und man konnte nur ein Büschel Haare von ihm sehen.

Der Amerikaner trat ans Bett heran und berührte leicht meine Schulter, was offenbar furchtbare Schmerzen verursachte. Er trat sofort zurück und flüsterte: „Oh, sehr krank, sehr krank!" Die Japaner, die die schön eingerichtete Kabine von Anfang an mit schüchterner Bewunderung betrachtet hatten, schienen froh, aus dieser ungewohnten Umgebung herauszukommen. Sie verneigten sich tief, zischten etwas durch die Zähne, was besondere Ehrerbietung ausdrücken sollte, ein leises, gemurmeltes „Oh, ich bitte um Entschuldigung!" und die ganze Gelbe Gefahr verschwand aus meinem Blickfeld.

Ich glaube, während dieser ganzen Szene und kurz davor verspürte ich einen leichten Schüttelfrost, der aber nicht anhielt.

Am Nachmittag wagte ich es, kurz aufzustehen, da ich einen Blick auf das mir bereits bekannte Nagasaki erhaschen wollte.

Doch der Anblick, der sich mir bot, ließ mich in meine Koje zurückeilen. Der Hafen war voll von zahllosen Dampfschiffen, die reich mit Flaggen geschmückt waren. An Bord der Schiffe herrschte außerordentliche Lebendigkeit; Truppen, Pferde und Kanonen wurden ununterbrochen an Land gebracht. Die Soldaten trugen Galakleidung, und die Häuser der Stadt verschwanden fast unter der Last der Girlanden und Flaggen; eine riesige Menschenmenge strömte durch die Straßen zum Paradeplatz, wo eine Parade abgehalten werden sollte. Das also waren die Bezwinger von Tsingtau!

Ganz Japan feierte heute die Niederlage und Demütigung des Deutschen Reiches. In den japanischen Zeitungen, die auf Englisch erschienen, las ich an jenem Abend, dass Japan das geschafft habe, was die Engländer, Franzosen und Russen vergeblich versucht hatten – Deutschland zu besiegen; und dass ihre Armee von nun an die beste und stärkste der ganzen Welt sei. Aber genug davon, die Amerikaner und Engländer haben bei anderen Gelegenheiten keine größere Zurückhaltung gezeigt.

In den nächsten Tagen lief der Dampfer noch zweimal in den Hafen ein. Sowohl in Kobe als auch in Yokohama erlebte ich in meiner Kabine dasselbe wie in Nagasaki – Mr. MacGarvin blieb krank und unbehelligt.

Insgesamt blieben wir fünf Tage in Japan. Nachdem ich eine ganze Woche in meiner Koje verbracht hatte, verließen wir endlich diese gefährlichen Küsten. Und als sie am Horizont verschwanden, soll ein junger Mann auf dem Dampfer vor Freude getanzt und wie wild mit einem kleinen Hut geschwenkt haben, der einem kleinen Mädchen im fernen China gehört hatte, und dabei lachend gerufen haben: „Auf Wiedersehen, Japse! Auf Wiedersehen, Japse!"

Die Tage vergingen recht angenehm, mit den üblichen Freizeitbeschäftigungen an Bord eines Hochseedampfers. Ich traf mehrere Deutsche, die der Krieg aus ihrer Wahlheimat vertrieben hatte, außerdem einen Offizierskameraden, der kürzlich in Shanghai im Einsatz gewesen war, und einen Kriegskameraden, den amerikanischen Kriegskorrespondenten Mr. Brace, der als einziger Ausländer an der gesamten Belagerung von Tsingtau teilnahm.

Neptun sorgte für Abwechslung: Kurz vor Honolulu gerieten wir in einen Taifun, der fast zwei Tage andauerte und unser Schiff in große Gefahr brachte.

Als wir in Honolulu ankamen, schien die Sonne hell und ich musste zweimal hinschauen, bevor ich meinen Augen traute. Denn da sah ich doch die deutsche Kriegsflagge!

Und als wir vor Anker gingen, lag neben uns wie eine kleine Muschel der kleine Kreuzer *Geier* , der aus der Südsee kommend die Blockade durchbrochen hatte und gerade interniert worden war. Welch merkwürdige Begegnung! Ich traf liebe Kameraden wieder, von denen ich lange nichts gehört hatte, mitten im Krieg, fern von unserem Land, nach bedeutsamen Ereignissen. Wir redeten und redeten ohne Ende.

Zu Beginn des Krieges lag die *Geier* weit im Süden zwischen den Korallenriffen. Sie hörte nur von der russischen Mobilmachung, dann ging ihr Funk kaputt und sie schwamm ohne Nachrichten im Pazifik umher. Nur vierzehn Tage später hörte die *Geier* etwas vom Krieg mit England und später mit Japan. Das bedeutete Vorsicht. Umzingelt und gejagt von einer Schar Feinde legte der kleine Kreuzer eine Reise von vielen tausend Seemeilen bis nach Honolulu zurück, entweder im Schlepptau eines kleinen Dampfers oder auf eigene Faust. Und als der riesige japanische Kreuzer, der an der Hafeneinfahrt nach ihr Ausschau hielt, eines schönen Morgens die Muschel sicher im Hafen liegen sah, mit der deutschen Flagge am Mast, musste der gelbe Affe mit eingezogenem Schwanz nach Hause schleichen.

Nach unserer Abreise aus Honolulu hatte ich mit meinem Kriegskorrespondenten noch ein Hühnchen zu rupfen. Strahlend vor Freude brachte er mir die *Honolulu Times* und zeigte mir stolz die erste Seite, auf der in riesigen Buchstaben mein Name, mein Beruf und meine Staatsangehörigkeit verzeichnet waren. Darauf folgten mehrere eng gedruckte Spalten, die alle meine Missetaten während und nach der Belagerung von Tsingtau aufzählten.

Es ist wirklich amerikanisch, das nach dem zu beurteilen, was in der Zeitung steht.

Aber die ganze Sache war für mich äußerst peinlich, denn ich hatte allen Grund zu befürchten, dass die amerikanischen Behörden mich aufgrund dieser Meldung bei meiner Ankunft in San Francisco verhaften würden. Alle Amerikaner an Bord beruhigten mich jedoch und waren der Meinung, dass ich ungehindert meinen eigenen Weg gehen könne. Denn was ich getan hatte, war „guter Sport". Im Gegenteil, die Leute in Amerika würden sich über meine Abenteuer freuen, und wenn ich mich nur vernünftig verhielte und meine dummen deutschen Militärideen aufgab, könnte ich dort viel Geld verdienen. Das Einzige, was ich tun musste, war, mich an die richtige Zeitung zu wenden. Sie würde die Sache in die Hand nehmen, für die nötige Publizität sorgen, und dann könnte ich – möglicherweise von einer Band begleitet – von Stadt zu Stadt reisen und „viele Dollars" einnehmen. Diese Amerikaner waren wirklich mit feinen Gefühlen begabt! Einer dieser Herren, ein lustiger alter Mann, der eine bezaubernde Tochter bei sich hatte, kam eines Tages zu mir und nahm mich ernst.

„Sehen Sie mal, Mr. MacGarvin, Sie gefallen mir, ich interessiere mich für Ihre Karriere. Was werden Sie jetzt tun? Sie haben wahrscheinlich kein Geld. Sie sind in Amerika unbekannt, und es ist schwierig, dort einen Job zu finden!"

„Also, ich möchte nach Deutschland zurückkehren und für mein Land kämpfen, denn ich bin Offizier."

Er lächelte mitleidig.

„Sie werden Amerika nie verlassen können. Und bei allem Respekt für Ihr Vertrauen in Ihr Land und Ihren Enthusiasmus – glauben Sie mir, ich habe gute Verbindungen dorthin –, in wenigen Monaten wird Deutschland vernichtet sein, und dann werden Sie weder Arbeit bekommen noch dort leben dürfen. England wird keinem deutschen Offizier erlauben, in Deutschland zu bleiben, wenn der Krieg vorbei ist. Sie werden alle deportiert. Das Deutsche Reich wird geteilt und der Kaiser von seinem eigenen Volk abgesetzt. Seien Sie vernünftig; versuchen Sie, sich eine neue Heimat zu schaffen und bleiben Sie in Amerika. Ich bin durchaus bereit, Ihnen zu helfen."

Aber das war zu viel. Meine Geduld war erschöpft und ich gab dem Herrn eine Antwort, die ihn viel Neues über deutsche Offiziere und die wirklichen Verhältnisse in Deutschland lehrte. Schließlich war er ganz von meinen Ideen überzeugt und zeigte sich mir gegenüber noch freundlicher. In der Folgezeit war ich oft sein Gast in San Francisco und New York.

Am 30. Dezember ankerten wir in San Francisco.

Ein typisch amerikanischer Empfang.

Dutzende von Zeitungsreportern und Fotografen wimmelten über das Deck, füllten die Salons und drangen sogar in die Kabinen ein. Die Kerle hatten meine Fährte bereits aufgenommen. Sie umringten einen von allen Seiten, überall klickten Kameras – es war einfach widerlich. Schließlich griff ich auf das einzige Mittel zurück, das mir überhaupt von Nutzen war. Ich wurde unhöflich und schrie: „Ich habe nichts zu sagen, und wenn Sie mich weiter belästigen, hole ich die Polizei." Mein Kriegsberichterstatter aus Tsingtau hatte mir im Voraus beigebracht, seine Kollegen auf diese Weise zu behandeln.

Nur ein kleiner gelber Japaner schlich sich wie eine Katze an mich heran, verneigte sich tief, zischte durch die Zähne und sagte mit einem falschen Lächeln, er käme vom japanischen Konsulat (ausgerechnet!), um mich zu begrüßen und mir Glück zu wünschen, dass ich Tsingtau mit so viel Glück verlassen würde. Er versicherte mir, ich hätte nichts zu befürchten, da ich mich auf amerikanischem Boden befände; aber er wäre nur zu erfreut, seiner Zeitung in Tokio einen kurzen Bericht zu schicken, um seine japanischen Brüder zu erfreuen.

Ich befahl meinem chinesischen Steward, den gelben Japsen rauszuwerfen.

San Francisco!

KAPITEL X

ERWISCHT!

SAN FRANCISCO! Oh, riesige, wunderbare Stadt!

Am meisten genoss ich meine Freiheit von der Verhaftung. Die Behörden nahmen von meiner Anwesenheit nicht die geringste Notiz, und ich blieb mehrere Tage dort, trotz der panischen Angst des deutschen Konsulats, das jeden Moment damit rechnete, mich in Gefangenschaft zu führen. Ich habe in meinem Leben selten einen verrückteren, rauschenderen Silvesterabend erlebt als in San Francisco! Nichts von dem, was ich davon gehört hatte, kam der Realität nahe. Es war ein Vergnügen, die Menschen zu sehen – jeder einzelne von ihnen Vollblüter. Die Männer groß und stark, die Frauen hinreißend schön in ihrem blonden Blond. Meine Freunde luden mich in einen ihrer größten und schönsten Nachtclubs ein. Exorbitante Preise und die eleganteste Gesellschaft von San Francisco. In dieser Nacht schien alles erlaubt.

Die Musik und der Tanz rissen einen mit ihrer Schönheit und Wildheit mit. Es war die Nacht von San Francisco.

Am 2. Januar 1915 reiste ich ab und traf zufällig im selben Eisenbahnwaggon einen meiner Kameraden und auch mehrere Deutsche, mit denen ich schon früher per Schiff gereist war. Wir hatten eine sehr angenehme Reise, zumal die Zeitungen gute Nachrichten aus Deutschland brachten. Da mehrere der älteren Damen und Herren auf dem Heimweg waren, glaubten auch wir zwei Offiziere fest daran, dass wir unserem Ziel nicht mehr weit entrinnen würden.

Wir machten am Great Canyon von Arizona Halt, um die gewaltigen Wunder der Natur zu bewundern, die sich in ihrer herrlichen Schönheit entfalteten. An den folgenden Tagen brauste unser Zug durch die Prärie und rief in unseren Köpfen kindliche Erinnerungen an Fenimore Cooper und die Mohikaner wach. In Chicago trennten wir uns, und ich reiste von dort nach Virginia, um liebe Freunde zu besuchen und herauszufinden, wie ich am besten nach Europa gelangen könnte.

Nach zwei, drei Tagen bin ich nach New York geflogen, um dort mein Glück zu versuchen.

Ich musste volle drei Wochen in New York herumhängen und hatte während dieser Zeit viele Gelegenheiten, die Menschen und ihre Bräuche kennenzulernen. Drei Wochen, in denen ich immer wieder vor Wut fast platzte. Es war der Höhepunkt von allem, was ich bis dahin ertragen hatte.

Kaum ein Bild, kaum eine Zeitung, kaum eine Anzeige, die nicht Hass gegen Deutschland schürte, die nicht die tapferen deutschen Soldaten beschimpfte. „Tipperary" schien zur Nationalhymne von New York geworden zu sein.

Gab es denn niemanden, der diesen Leuten die Augen öffnen konnte? Wollten sie *die* Wahrheit wirklich nicht sehen und hören? Aber die Mehrheit kannte Deutschland nur vom Hörensagen – sie wussten kaum, wo Deutschland lag; und trotzdem waren sie mit ihrem Urteil bereit. Hier konnte man die ungeheure Macht der lügnerischen englischen Presse und die krasse Dummheit, mit der die Amerikaner den Köder schluckten, ermessen. Ich tat, was ich konnte. Ich redete und erklärte und versuchte zu überzeugen, aber überall erhielt ich die gleiche Antwort: „Natürlich würden *Sie* diese Gräueltaten nicht begehen; aber Ihre Landsleute, die Hunnen und Barbaren, tun nichts anderes. Hier steht es schwarz auf weiß in der *Times* – eine Zeitung von dieser Bedeutung erzählt keine Lügen." Mein größter Trost während dieser Zeit war die rührende Art und Weise, wie ich von meinen Freunden und ihren Bekannten behandelt und empfangen wurde, und ich bin ihnen bis heute aufrichtig dankbar. Eines Abends war ich besonders wütend. Ich war in der Metropolitan Opera gewesen, wo ich einen Akt aus *Hänsel und Gretel gehört hatte* – deutsche Musik, deutsche Worte und deutsche Lieder! Mein Herz zerplatzte vor wilder, schmerzlicher Sehnsucht nach meinem geliebten Land; meine Seele sog lange Züge deutscher Melodien in sich auf. Noch immer verwirrt und von meinen Gefühlen mitgerissen, trat ich auf die Straße und wurde sofort in die Realität zurückgeholt.

Auf dem großen Platz vor dem Theater drängte sich wie jeden Abend eine riesige Menschenmenge, und ein Kinoprojektor projizierte die neuesten Kriegsmeldungen in grellen Lettern auf eine leere Wand. Wie zu erwarten war, hatte Russland wieder einmal einen seiner berühmten Siege errungen. Die Engländer hatten die Armee des Kronprinzen vernichtet! Die Menge jubelte vor Freude. Dann wurden Bilder von Schlachten gezeigt. Erst einige englische und französische Kriegsschiffe, dann plötzlich der deutsche Kreuzer *Goeben* . Die Leute tobten, pfiffen, zischten, brüllten – der Lärm nahm kein Ende. So viel zu den *neutralen* Amerikanern, die so erpicht darauf waren, die Menschenrechte und die Ziele der Gerechtigkeit zu verteidigen!

Bis jetzt waren alle meine Bemühungen, Europa zu erreichen, vergeblich gewesen. Ich hatte mir vorgestellt, dass meine Aufgabe leichter sein würde. Einmal wäre es mir beinahe gelungen, als einfacher Matrose auf einem norwegischen Schiff mitzusegeln; aber ich wurde davon abgebracht, da sich in der Mannschaft mehrere Engländer befanden. Endlich bekam ich, was ich wollte. Durch Zufall lernte ich einen Mann kennen, der ein ziemlich stürmisches Leben geführt hatte. Er war in der ganzen Welt gewesen und hatte lange Zeit in New York gelebt. Ich konnte nie wirklich herausfinden, was er wirklich beruflich machte. Er war jedoch sehr erfolgreich in einer bestimmten Arbeit – die darin bestand, alte Pässe aufzupolieren. Wir schlossen unser Geschäft schnell ab. In wenigen Stunden hatte ich meine Papiere mit meinem Foto sauber eingeklebt und alle erforderlichen polizeilichen Meldungen gemäß den geltenden Vorschriften eingetragen. Und so ging der Schweizer Reisende, der Schlosser Ernst Suse, am 30. Januar 1915 an Bord des neutralen italienischen Dampfschiffs *Duca degli Abruzzi* und verschwand im Zwischendeck.

Zwei Stunden später passierten wir die Freiheitsstatue. Fünf Seemeilen vor New York beobachteten zwei englische Kreuzer die Hafeneinfahrt. Ein leuchtendes Beispiel für die Freiheit der Meere! Die Reise war furchtbar. Obwohl ich in einer harten Schule als Marineoffizier an Bord eines TBD ausgebildet worden war, hatte ich mir so etwas nie erträumt. Das Schiff war stark überladen und stampfte und schwankte so stark, dass ich überzeugt war, es würde unter dem Druck der schweren See kentern. Und die Käfer! Aber darauf werde ich später eingehen. Am Morgen des dritten Tages unserer Reise stand ich an Deck und blickte sehnsüchtig auf die Reling der Ersten Klasse, über die zwei bezaubernde kleine Gesichter auf mich herabblickten. Ein Herr näherte sich ihnen, und mit Mühe unterdrückte ich den Namen, der mir auf die Lippen kam. Denn ich kannte ihn; es war –

Zweifel waren ausgeschlossen. Es war mein Bruder, Offizier T., der mit mir aus Shanghai gekommen war. Er sah mich im selben Moment, erkannte mich aber erst, nachdem er mit den Damen einige sehr laute Bemerkungen über den dreckigen Kerl da unten (also mich) ausgetauscht hatte. Plötzlich blieb er stehen, starrte mich eindringlich an, lächelte wissend, drehte sich dann plötzlich um und verschwand.

Am Abend, als es bereits völlig dunkel war, hatte ich Gelegenheit, kurz mit ihm zu sprechen. Er reiste als angesehener Holländer (natürlich sprach er kein einziges Wort Holländisch) und sein Ziel war wie meines Neapel, und von dort aus ging es nach Hause. Obwohl wir uns beide täglich in New York getroffen hatten, jeder mit dem Ziel, nach Hause zu kommen, waren wir von unseren jeweiligen Helfern gezwungen worden, unsere Aktivitäten voreinander geheim zu halten. Und nun erfuhren wir, dass wir beide bei demselben Mann gewesen waren!

Einige Tage nach meiner Abreise aus New York bekam ich plötzlich hohes Fieber und musste das Bett hüten. Ich wusste nicht, was mit mir los war, vermutete aber Malaria, und der italienische Arzt wusste es auch, der mir eine lächerlich hohe Dosis Chinin verabreichte. Ich musste nicht lange auf das Ergebnis warten, denn mein Zustand verschlechterte sich sofort und meine Temperatur stieg auf 39° C. Diese Tage waren unbeschreiblich. Unsere Kabine, ein wahres Loch, teilten sich vier Passagiere. Über mir lag ein Franzose, der nur dann aufhörte zu plappern und zu fluchen, wenn er seekrank war. Die untere Koje war von einem blassen und resignierten Schweizer belegt (seine Nationalität weckte sofort meinen Verdacht). Dieser Mann war so seekrank, dass er meiner Meinung nach Europa nie lebend erreichen würde. In der oberen, linken Koje rauchte ein völlig tollwütiger Engländer unablässig Tag und Nacht seine Pfeife Player's Navy Cut, trotz der geschlossenen Bullaugen. Er war fast immer betrunken und konnte seine Beschimpfungen und Schmähungen gegen Deutschland keinen Augenblick unterlassen. Man kann sich leicht vorstellen, wie viel Ruhe ich bekam! Zu allem Überfluss lag meine Koje in der Nähe der Maschinen, und die Insekten waren das Schlimmste auf dem Programm. Und diese schrecklichen Plagegeister kamen nicht einzeln, sondern in Bataillonen. Oh, was waren der Lärm, der schreckliche Geruch und die Seekrankheit im Vergleich zu dieser Plage! Trotz meiner erschöpfenden Schwäche versuchte ich, die widerlichen Insekten zu vernichten oder zu vertreiben. Aber ich musste bald verzweifelt aufgeben.

Danach verfiel ich wieder in völlige Gleichgültigkeit. Ich sagte mir, die Reise würde in ein paar Tagen zu Ende sein, und sobald wir das schöne Italien erreicht hätten und ich mir eine kleine Ruhepause gegönnt hätte, würde ich in mein geliebtes Vaterland zurückkehren. Ich kämpfte mit aller Kraft gegen meine Krankheit an, und der Gedanke an Deutschland unterstützte meine Genesung, so dass ich, als das Schiff am 8. Februar Gibraltar erreichte, wieder auf den Beinen war.

Gibraltar!

Wie oft war ich schon an diesem Felsen vorbeigefahren, wie oft hatte ich, aus der Fremde zurückkehrend, die grauen Steine, den Wegweiser, in dieser Meerenge zur treuen Heimat freudig begrüßt! Was erwartete mich diesmal? Obwohl der Fahrplan keinen Zwischenstopp in Gibraltar vorsah, lief das Schiff, ohne auch nur eine Aufforderung abzuwarten, zur Untersuchung in den Hafen ein und ankerte. Insofern waren die Italiener schon Sklaven der Engländer geworden! Sobald das Schiff beilegte, senkten sich zwei Pinassen auf uns herab, aus denen ein englischer Marineoffizier und mehrere Polizisten und Matrosen hervortraten, die bis an die Zähne bewaffnet waren. Überall auf dem Schiff ertönte eine Glocke mit dem Befehl, dass sich alle ausländischen Passagiere, die weder Engländer noch Italiener waren, auf der Lotsenbrücke versammeln sollten. Die italienischen Stewards gingen unter Deck, inspizierten den Schiffsraum und alle Kabinen und trieben uns wie eine Herde Schafe auf das Oberdeck, wo wir von ihnen und den englischen Matrosen dicht umringt wurden. Ich kann nicht behaupten, dass ich mich besonders glücklich fühlte! Trotzdem schöpfte ich ein gewisses Vertrauen, denn ich fand bald heraus, dass ich der einzige war, der einen echten Pass und ein Foto besaß. Andererseits stellte ich fest, dass wir fünf Schweizer waren, von denen drei schon wegen ihrer scheuen und zurückhaltenden Art meinen Verdacht erregt hatten. Nur einer war mir überhaupt nicht aufgefallen, und er sah so schmutzig und abstoßend aus, dass ich vorsichtshalber wegging, als er sich neben mich setzte. Nach einer Stunde, während der die Passagiere der ersten Klasse – beiläufig und mit großer Höflichkeit – untersucht wurden, kamen wir an die Reihe. Wir standen da wie sechs elende Sünder. Der erste war ein italienisch-schweizerischer Arbeiter, der seinen rechten Arm verloren hatte. Seine Frau, eine typische Italienerin, warf sich wehklagend vor den Füßen des Engländers nieder. Sie wurde von ihrem ganzen Stamm aus dem Zwischendeck begleitet, und alle wehklagten . Der Engländer sah diese Leute verächtlich an, und nach einer kurzen Untersuchung wurde der Mann entlassen und durfte gehen. Wir mussten jetzt weiter. Der größte unter uns Schweizern stand auf dem rechten Flügel. Der englische Offizier ging auf ihn zu und sagte: „Sie sind ein deutscher Offizier." Natürlich folgten heftige und empörte Proteste; aber der englische Offizier, den sie ganz kühl ließen, befahl ihm, beiseite zu gehen und wandte sich uns zu – in seinen Augen schienen wir echt zu sein. Wir zeigten auf unsere Pässe und jeder von uns erzählte eine wunderbare Geschichte. Nach einer kurzen Pause sagte er: „Gut, diese vier können gehen, aber den einen behalte ich."

Mein Herz klopfte vor Freude, aber dann erschien der Judas. Ein junger Mann in perfekt sitzender Zivilkleidung ging auf den Offizier zu und sprach ihn mit erhobener Stimme an. „Es ist völlig ausgeschlossen, dass diese Leute gehen dürfen, ohne dass alle ihre Sachen gründlich durchsucht wurden. Ich bin überzeugt, dass sie Deutsche sind." Wir riefen laut, aber ohne Ende, obwohl der englische Offizier diesem Schurken mit offensichtlichem Widerwillen und Verachtung gehorchte. Die Untersuchung fand jedoch statt. Alles wurde auf den Kopf gestellt. Der Schurke durchsuchte alles, schien aber an keinem unserer Sachen belastende Spuren finden zu können. Plötzlich drehte er sich um, riss meinen Mantel auf, stülpte meine Brusttaschen um und sagte triumphierend zu dem Offizier, der neben ihm stand: „Sehen Sie, da ist weder ein Name noch ein Monogramm. Das ist ein sicheres Zeichen dafür, dass er ein Deutscher ist und dass er alle Initialen vernichtet hat." Oh, wenn ich dem Reptil nur den Schädel hätte einschlagen können!

Wie wir bald erfuhren, war dieser Zivilist der Vertreter der Firma Thomas Cook Brothers in Gibraltar und fungierte auf den Schiffen in der Doppelfunktion als Spion und Dolmetscher. Sein Deutsch war so rein, dass er viele Jahre lang unsere Gastfreundschaft in Deutschland genossen haben musste. Wie viele elende Kreaturen verdanken diesem Wichtigtuer wohl ihr Verderben!

Wieder einmal wurden wir fünf wie Vieh an Deck getrieben. In diesem Moment erschien Judas Nummer zwei, der von Cooks Agenten abgeholt worden war. Dies war ein Schweizer Passagier erster Klasse, und auf Betreiben des Erzschleichers sollte er uns im Schweizer Dialekt auf die Probe stellen. Natürlich scheiterten wir alle kläglich. Unsere Proteste waren nutzlos. Nicht einmal, als ich ihnen die wildesten Geschichten darüber erzählte, dass ich kein Deutsch könne, da ich als dreijähriges Kind mit meinen Eltern die Schweiz verlassen und mich mit ihnen in Italien niedergelassen hatte und danach nach Amerika abgewandert sei. Ich sprach wie verrückt in gutem Italienisch und Amerikanisch und hätte es beinahe geschafft; aber die Schlange zischte erneut – und meine Hoffnungen waren zunichte gemacht.

Der englische Offizier hörte uns nicht weiter zu, bemerkte aber nur, dass mehr Schweizer durch Gibraltar gekommen seien als auf der ganzen Welt. Ich wurde in einer an Wahnsinn grenzenden Raserei weggeführt. Ich sammelte rasch meine wenigen Sachen zusammen und konnte einer deutschen Dame unbemerkt einen Zettel in die Hand drücken, den sie später meinen Verwandten überreichte. Ein Matrose stieß mich grob die Gangway hinunter in die Pinasse, wo die anderen armen Wesen bereits völlig zerquetscht saßen. Als der englische Offizier mit seinem Lakaien eintraf, brachen wir auf.

Der Schweizer Verräter stand an der Reling des Schiffes und grinste uns hämisch an. Da konnte ich mich nicht mehr beherrschen, sprang auf, drohte ihm mit der Faust und schrie eine Beschimpfung. Hysterisches, verräterisches Gelächter ertönte zurück.

Doch ein deutsches Augenpaar schickte mir von Steuerbord einen traurigen Abschied.

Leb wohl, oh glücklicher Kamerad! Grüße von mir das Vaterland, das du in ein paar Tagen wiedersehen wirst.

KAPITEL XI

Hinter Mauern und Stacheldraht

Der englische Beamte beruhigte mich. „Seien Sie versichert", sagte er, „dass Sie noch heute Ihren Schweizer Konsul in Gibraltar treffen können. Sobald er bestätigt hat, dass Ihr Pass in Ordnung ist, sind Sie frei."

Wie es in dieser Hinsicht stand, erfuhr ich nur zu bald. Das Dampfschiff pflügte durch das Wasser, und bald gingen wir im inneren Teil des Kriegshafens an Land.

Zehn Soldaten mit aufgepflanzten Bajonetten standen am Landungssteg bereit. Ein paar knappe Befehle und wir mussten uns mit unseren wenigen Habseligkeiten auf dem Rücken in zwei Reihen aufstellen. Die zehn Soldaten nahmen uns in ihre Mitte und auf das Wort „Schnell marsch" setzte sich der traurige Zug in Bewegung. Alles um mich herum schien wie ein Traum. Ich war so schrecklich niedergeschlagen, dass ich kaum denken konnte. Ein Gefangener! War das wahr? War das möglich?

Es war entsetzlich, unfassbar! Wir wurden wie Übeltäter geführt, und die Bevölkerung schien uns auch als solche zu betrachten. Die Soldaten forderten uns auf, uns zu beeilen. Ich war so schwach, dass ich mich kaum bewegen konnte, da mich das Fieber noch immer im Griff hatte und ich seit drei Tagen nichts außer Chinin genommen hatte. Die Sonne brannte uns auf den Rücken und ich hatte mich noch nie so verlassen und hoffnungslos gefühlt.

Wir stiegen immer höher, durch enge, heiße Straßen. Bald wichen die Häuser zu beiden Seiten nackten Felsen. Nach einer Stunde hatten wir den höchsten Gipfel Gibraltars erreicht. Befehle ertönten, Stacheldrahtzäune und Eisentüren öffneten sich und klirrten, Ketten und Riegel rasselten.

Ein Gefangener!

Wir wurden zunächst auf die Polizeiwache gebracht und dort einem Verhör unterzogen. Ich protestierte energisch und verlangte, sofort zu meinem Konsul gebracht zu werden, da mir dies von dem englischen Offizier bestimmt versprochen worden war. Aber sie lachten bedauernd. Wir waren leider nicht die ersten, die vor sie gebracht worden waren und dieselbe Bitte geäußert hatten! Wie viele hatten wohl an derselben Stelle gestanden und ihre Hoffnungen auf dieselbe Weise begraben müssen!

Nach dieser Untersuchung mussten wir uns einer Durchsuchung unterziehen.

„Hat einer der Gefangenen Geld?"

Natürlich antwortete niemand. Wir mussten uns ausziehen und jedes Kleidungsstück wurde gründlich nach Geld, Kameras und vor allem Briefen und Papieren durchsucht. Ich kam als Dritter an und durfte mein Hemd anbehalten.

"Hast du Geld?"

"NEIN."

Der Feldwebel ließ seine Hände über meinen Körper gleiten. Plötzlich klirrte etwas in meiner linken Hemdtasche.

"Was ist das?"

"Ich weiß nicht."

Er griff nun mit der Pfote hinein und was holte er heraus? Ein schönes Zwanzigdollarstück aus bestem amerikanischen Gold und dazu einen kleinen Perlmuttknopf, der mich verraten hatte, indem er gegen die Münze gestoßen war. Das kommt davon, wenn man zu ordentlich ist! Hätte ich es zwei Tage vorher weggeworfen, statt es sorgfältig aufzubewahren, wäre das nicht passiert. Der englische Soldat freute sich, denn solche Funde kamen nicht alle Tage vor. Aber jetzt untersuchte er mich genauer. Und zu meinem Kummer holte er aus meiner anderen Brusttasche sowie aus jeder der beiden Hosentaschen ein schönes Goldstück und meinen kleinen Browning-Revolver, der mir all diese Monate treu zur Seite gestanden hatte.

Als ich völlig ausgeplündert war, durfte ich mich wieder anziehen und zu meinen Unglückskameraden im Gefängnishof zurückkehren. Danach bezogen wir unsere Quartiere. Ungefähr fünfzig deutsche Zivilgefangene begrüßten uns lautstark. Sie waren seit Kriegsbeginn in Gefangenschaft und schienen ihren Sinn für Humor wiedergefunden zu haben. Unsere neuen Freunde luden uns sofort ein, an ihrem Essen teilzunehmen. Wir stürzten uns wie Wilde auf den Brotpudding, den sie für sich zubereitet hatten.

Dann begannen wir mit unserer Arbeit.

Zunächst mussten wir Kohle und Wasser tragen. Wir wurden nach Größe eingeteilt, und zufällig traf ich auf die dreckigen Schweizer, die ich schon auf dem Schiff mit so viel Abscheu betrachtet hatte.

In der Zwischenzeit schleppten wir weiter Säcke mit Kohle und achteten darauf, die Behälter nicht bis zum Rand zu füllen. Waren wir nicht zu schwach, um das richtig zu machen? Nachdem wir diese Arbeit eine Zeit lang verrichtet hatten, wurden uns unsere Soldatenmatratzen, die aus drei Teilen bestanden und hart wie Stein waren, sowie zwei Decken zugeteilt. An diesem

Abend durften wir uns ausruhen. Aber zuerst mussten wir uns waschen. Ich erinnere mich noch gut an die Szene.

Mein schmutziger Kollege stellte sein Becken neben meines und zog sich mit größter Gelassenheit aus. Verdammt noch mal! Ich hatte nicht mit so viel Sauberkeit gerechnet und musterte ihn kritisch. Ein perfekt geformter Körper und sauber – blitzsauber! Aber Kopf, Hals und Hände! Ich schauderte. Und dann hielt ich mitten in meiner Waschung inne. Meine Augen weiteten sich vor Erstaunen. Das Wasser meines Kollegen war kohlschwarz; aber er selbst war völlig verwandelt. Sein schwarzes, fettiges Haar hatte sich in glänzendes Blond verwandelt, sein Gesicht sah frisch und weiß aus und zeigte feine Züge, die Hände waren schlank und elegant. Und war das möglich? Über Wange und Schläfe liefen die ehrenvollen Narben von Studentenduellen – echte deutsche Narben! Welch eine Explosion der Freude! Welch ein Kreuzfeuer von Fragen und Antworten! Mein Kamerad war ein *echter* deutscher Student gewesen, stand jetzt an der Spitze eines guten Autohandels in Amerika und hatte alles aufgegeben, um seinem Land als Offizier der Reserve zu dienen. Wir freundeten uns schnell an und blieben während all der Wochen unserer Gefangenschaft treue, unzertrennliche Freunde, bis uns das Schicksal erneut trennte.

Um zehn ertönte der letzte Pfiff, anschließend wurde das Licht ausgemacht.

Ich hatte meine Matratze neben eine Fenstertür gestellt, so dass ich vom Boden liegend leicht hindurchsehen konnte. Der Tag hatte viele Veränderungen mit sich gebracht und erst jetzt konnte ich darüber nachdenken.

Die Baracken, in denen wir untergebracht waren, lagen ganz oben in Gibraltar, im Süden, wo die Felsen senkrecht ins Meer abfallen.

Durch das Fenster sah ich tief unter mir das wunderbar blaue Wasser der Straße von Gibraltar; ganz weit weg am Horizont die Küste Afrikas, ein schöner, glänzender Landstreifen. Unten war Liberty, Schiffe kreuzten hin und her und beförderten Männer, frei und ungebunden, die reisen konnten, wohin sie wollten, und die nicht wussten, wie wunderbar und kostbar es war, frei zu sein!

Aber das war der Weg zum Wahnsinn!

Die Gedanken und Ereignisse des Tages rasten durch meinen Kopf, und als ich daran dachte, dass ich mit etwas Glück auf einem dieser Boote gewesen sein könnte, platzte ich fast vor Wut. Und es war auch noch mein Geburtstag! Nun ja, ich hatte es anders geplant.

Wie ein Wahnsinniger wälzte ich mich auf meinem Sofa hin und her. Wenn ich daran dachte, wie anders alles hätte sein können, was ich mir erhofft hatte und wie ich mir meine Zukunft vorgestellt hatte, verfiel ich in völlige Verzweiflung, und in hilfloser Wut strömten mir die Tränen über die Wangen, ohne dass ich sie zurückhalten konnte.

Ach, Sehnsucht nach Hause – furchtbare Sehnsucht! Doch in dieser Nacht war ich nicht der einzige, der darunter litt.

Blasse Gesichter mit weit aufgerissenen Augen starrten an die Decke, und unterdrücktes Schluchzen wurde von den Decken erstickt. Am nächsten Morgen um vier Uhr wurden wir plötzlich geweckt. Die englischen Unteroffiziere gingen durch die Räume und brüllten einen Befehl, dass sich alle deutschen Gefangenen in zwanzig Minuten zum Abmarsch bereit machen müssten, um mit dem nächsten Boot nach England zu fahren.

Nach England! Aber das war unmöglich! Waren wir nicht Schweizer? Müssten wir nicht an diesem Tag unseren Konsul sehen? Alle unsere Bemühungen scheiterten an der stur unerschütterlichen Ruhe der Engländer. Wir sammelten rasch unsere Sachen ein, und genau eine halbe Stunde später wurden die 56 Zivilgefangenen, umgeben von hundert schwer bewaffneten englischen Soldaten, in den hellen Morgen hinausgeführt.

Doch wir wollten den Engländern beweisen, dass unser Stolz ungebrochen war. Mit klarem, klingendem Ton, verstärkt durch die Wut, die in uns brannte, schleuderten wir „Die Wache am Rhein" in den Himmel.

Unten erwartete uns ein riesiges Transportschiff, bis zum Bersten mit englischen Truppen gefüllt. Wir mussten Spießruten laufen durch einen schmalen Durchgang, der sich in der großen Menge der Reisenden und derer, die gekommen waren, um sie zu verabschieden, für uns gebildet hatte. Aber ich muss zugeben, dass uns niemand belästigte und kein Wort der Verachtung an unser Ohr drang. Schweigend wurde uns Platz gemacht, schweigend ließ man uns passieren, sogar hier und da begegnete uns ein Blick des Mitleids und des Bedauerns. An Bord, im vorderen Teil des Frachtdecks, war ein Raum abgeteilt und spärlich mit Bänken, Tischen und Hängematten ausgestattet.

Dort standen zwei Wachen mit aufgepflanzten Bajonetten, ein weiteres Paar bei der Luke über unseren Köpfen. Als diese von außen geschlossen wurde, saßen wir wie in einer Falle. Die Bullaugen unserer Behausung waren mit eisernen Läden versperrt, so dass keiner von uns hinaussehen oder Signale geben konnte. Nach kurzer Zeit ging ein leichtes Zittern durch das Schiff, die Maschinen sprangen an und unser schwimmendes Gefängnis trieb, leicht steigend und sinkend, auf das offene Meer hinaus.

Die Reise dauerte Tage. Wir saßen, streng bewacht, in unserer Kammer eingeschlossen. Einmal am Tag durften wir an Deck, um frische Luft zu schnappen. Auf dem Vordeck war aus ein paar Brettern eine primitivste

Toilette errichtet worden, und wer sie benutzen wollte, musste sich beim Wachposten melden. Es durfte immer nur eine Person zu diesem Zweck an Deck erscheinen. Das Essen war gut – echte Seemannsrationen –, vor allem das Brot, die Butter und die reichliche Menge an ausgezeichneter Marmelade. Wir vertrieben uns die Zeit mit Lesen und Geschichtenerzählen; vor allem diskutierten wir unsere Zukunft von allen Seiten und was uns in England bevorstand. Die beiden Wachposten, die unten immer Wache hielten, wurden bald ganz freundlich, und wir erschreckten die armen Tommies oft zu Tode mit Geschichten über die Geschehnisse an der Westfront.

Im Golf von Biskaya erwartete uns raues Wetter. Es war ein schrecklicher Zustand für uns 56 Leute, die in diesem engen Raum ohne Licht und Luft eingesperrt waren und von denen die meisten seekrank waren. Die Wachen und die englischen Soldaten, die uns unser Essen brachten, litten jedoch am meisten und boten einen erbärmlichen Anblick. Als wir jedoch in den Kanal kamen, war die Besatzung von allgemeiner Nervosität und Aufregung erfasst. Täglich fanden Übungen mit Rettungsringen statt, unsere Freizeit an Deck wurde ausgesetzt und die englischen Soldaten hörten nicht auf, uns ängstlich über unsere U-Boote auszufragen! Und wir haben es ihnen nicht schwer gemacht!

Endlich, nach zehn Tagen, landeten wir in Plymouth. Als sich das Kettenkabel rasselnd abrollte und wir wussten, dass wir sicher im Hafen waren und den U-Booten entkommen waren, beobachteten wir durch die Schottwand, wie die englischen Soldaten auf die Knie fielen und Hymnen des Lobes und der Dankbarkeit für ihre Rettung vor den deutschen U-Booten sangen.

Unmittelbar nach unserer Ankunft legte ein Beiboot längsseits an und brachte uns – natürlich unter imposanter Eskorte – auf festen Boden.

Die englischen Behörden waren offensichtlich nicht auf eine so *große* Gefangenenlieferung vorbereitet. Sie verloren einfach den Kopf. Niemand wusste, was er mit uns anfangen sollte, niemand, was er uns raten sollte.

Endlich wurden wir in einen Zug gepfercht. Ich bekam ein Abteil für mich allein, zu beiden Seiten von einem Unteroffizier flankiert, und mir gegenüber saß ein weiterer mit aufgepflanztem Bajonett. Sie hatten strenge Anweisung erhalten, mich genau zu beobachten, und zwar aus folgendem Grund: Als ich sah, dass es völlig unmöglich war, mich freizulassen oder als Schweizer anerkannt zu werden, hatte ich mich in meiner wahren Farbe bei meinem Kommandeur gemeldet, und die anderen taten dasselbe. Er versicherte mir, dass er mich sofort in die erste Klasse versetzen würde, wenn ich ihm mein Ehrenwort erteilen würde, nie wieder zu fliehen oder im Krieg zu kämpfen. Da ich diese Forderung natürlich mit äußerster Empörung ablehnte, wurde ich auf das Frachtdeck zurückgeschickt, was lediglich eine strengere Überwachung zur Folge hatte.

Abends, bei Einbruch der Dunkelheit, erreichten wir Portsmouth. Sowohl am Bahnhof als auch sonst schien diese große Zahl von Gefangenen (wir waren insgesamt sechsundfünfzig) alle völlig zu verwirren.

Schließlich wurden wir ins Gefängnis gebracht. Auch dort fanden wir große Verwirrung und Bestürzung vor. Das Gefängnis bietet normalerweise betrunkenen Soldaten und Matrosen, die auf der Straße aufgelesen werden, eine vorübergehende Bleibe und bietet ihnen die Möglichkeit, ihren Rausch auszuschlafen, bis sie am nächsten Tag nach einer ordentlichen Tracht Prügel zu ihrem Zug zurückgeschickt werden . Ein alter, widerwärtiger Gefängniswärter und zwei ältere, aber fröhliche und freundliche Soldaten waren für die Leitung verantwortlich. Wir wurden in drei Räume eingeteilt. Sie waren völlig leer und wurden von einem miserablen Gasbrenner beleuchtet. Die Fensterscheiben waren größtenteils zerbrochen, es war bitterkalt und natürlich gab es kein Feuer. Wir hatten den ganzen Tag nichts gegessen und freuten uns auf unser Abendessen, aber es gab kein Abendessen. Daraufhin gingen wir zu unseren beiden alten Soldaten und besiegelten umgehend unseren Freundschaftspakt. Ein kleines Trinkgeld wirkte wie ein Wunder – die alten Knacker huschten einfach los, um unsere Besorgungen zu erledigen. Wir gaben ihnen Geld und nach einer halben Stunde kamen sie zurück, stöhnend unter einer Last von Brot, Butter und kaltem Fleisch. Zwei riesige Kannen Tee, gemischt mit Milch und Zucker, kamen an. Wir besorgten selbst etwas Holzkohle und bald brannten die drei Feuerstellen. Die Vorräte waren ausgezeichnet und so reichlich, dass selbst wir, ausgehungert wie wir waren, nicht damit fertig wurden.

Unsere Stimmung erreichte ihren Höhepunkt, als uns die Soldaten ein paar englische Zeitungen zusteckten. Unser geistiger Hunger war größer als unsere körperlichen Bedürfnisse, denn seit Wochen hatten wir überhaupt nichts über die Geschehnisse in der Außenwelt gehört. Es machte uns nichts aus, ausschließlich über englische, französische und russische Siege zu lesen, solange wir wenigstens etwas darüber wussten, was vor sich ging.

Alkohol war verboten, aber selbst in England schienen die Regeln nur dazu da zu sein, um gebrochen zu werden. Einer unserer Wärter gehörte einer Freimaurerloge an, deren Mitglieder weit über England und Amerika verstreut waren. Mein Kollege, der Schlosser, war zufällig Meister. Als der Soldat das Zeichen der Freimaurer im Knopfloch meines Freundes sah, war ihr Pakt besiegelt. Im Keller unseres Gefängnisses stand eine kleine Feldflasche, und einer nach dem anderen wurden wir von dem freundlichen Bruder hinuntergeführt und kehrten gestärkt mit Taschen voller Bierflaschen von dort zurück.

Der Witz war, dass unsere Wachen, die vor unserer Tür Wache standen, uns ruhig gehen ließen und uns sogar baten, ihnen ein paar Flaschen Bier mitzubringen. Um 21 Uhr waren unsere Wachen so versöhnlich geworden, dass wir zusammen Schießübungen machten, und um 23 Uhr ließ ein Wachposten sein Gewehr ganz fallen und stürzte rückwärts, wobei der Kohlenknoten, auf dem er gesessen hatte, auf ihm lag.

Wenn ich über die Erfahrung verfügt hätte, die ich nach fünf Monaten Gefangenschaft besaß, wäre ich sogar damals geflohen.

In diesem Gefängnis sowie in allen anderen Lagern, in denen wir mit den englischen Tommies zusammenkamen, verlangten sie, nachdem wir uns besser kennengelernt hatten, als erstes eine kleine Notiz mit unserer Adresse und möglicherweise der Adresse von Freunden in Deutschland und eine Bestätigung, dass der englische Soldat Soundso uns gut behandelt hatte. Diese Notizen wurden von ihnen als Reliquien geschätzt, die sie an der Front oder im Falle einer Gefangennahme durch die Deutschen vorzeigen konnten.

Wir bekamen winzige Feldbetten, die so kurz waren, dass unsere Beine von den Waden abwärts herausragten, und so schmal, dass es eines genialen Zirkusartisten bedurfte, um seinen Rücken darauf zu balancieren. Außerdem hatten wir jeder zwei Decken. Wir schliefen wie die Murmeltiere, obwohl wir am nächsten Morgen alle neben den Matratzen auf dem Boden lagen.

Am nächsten Morgen – es war Sonntag – bekamen wir Besuch von einem hochrangigen Armeeoffizier. Er erkundigte sich nach unseren Wünschen. Ich betonte wiederholt, dass ich Offizier sei und das Recht hätte, als Kriegsgefangener behandelt zu werden. Er war äußerst charmant und versprach mir vieles, wenn wir an unserem Bestimmungsort ankämen – hielt aber nichts davon.

Am Montag durften wir endlich unser Gefängnis verlassen. Wie üblich wurden wir, streng bewacht von unserer Eskorte, zum Hafen geführt, wo wir einen kleinen Dampfer bestiegen und nach einer einstündigen Fahrt ein riesiges Schiff erreichten, das als Gefangenenlager diente. Nach einem langen Palaver mussten wir wieder in See stechen, denn der Kommandant erklärte, er habe keine Informationen über uns und auch keinen Platz. Obwohl diese Komödie auf dem nächsten Dampfer, dem Cunard-Liner *Andania* , *nachgespielt wurde* , übertraf die Gewandtheit der Beschimpfungen unseres Majors wahrscheinlich die des Lagerkommandanten; jedenfalls gingen wir nach einer halben Stunde Verspätung an Bord. Ein dicker, großspuriger englischer Leutnant, der auf diesem Schiff den Posten des Lagerkommandanten und Dolmetschers innehatte, empfing uns.

Als ich an die Reihe kam, mich untersuchen zu lassen, brachte ich höflich mein Anliegen vor und verlangte energisch, dass man mich gemäß den Vorschriften in ein Offizierslager bringen würde. Die Antwort dieses Herrn war völlig beispiellos und offenbarte seine Vulgarität.

„Ich werde Sie mit besonderer Strenge behandeln, denn ich habe bereits von Ihnen gehört. Sie sind aus Tsingtau geflohen und haben mehrmals Ihr Ehrenwort gebrochen. Wenn ich noch ein Wort höre, werde ich Sie einsperren und Ihnen nur noch wenig Essen geben, bis Sie nicht mehr sprechen können. Unsere englischen Offiziere werden in Deutschland so schlecht behandelt, dass Sie dafür büßen werden.“

Es war eine erfreuliche Aussicht. Was konnte ich tun?

An Bord befanden sich mehr als tausend Gefangene. Die Unterbringung war die entsetzlichste, die ich je gesehen habe. Ohne Licht und Luft saßen die Männer zusammengekauert unter Luken, und ihre einzige körperliche Betätigung bestand darin, auf dem schmalen Vorderdeck auf und ab zu laufen. Als wir in den für uns vorbereiteten Raum geführt wurden, erschrak ich. Ich glaube, ich wäre verrückt geworden, wenn ich lange dort hätte bleiben müssen. Unser englischer Unteroffizier schien ein vernünftiger Mann zu sein. Durch seine freundlichen Bemühungen konnte ich für meinen Freund, den Schlosser, und mich eine kleine Kabine sichern, die sogar mit einem Bullauge aufwarten konnte. Das Leben an Bord war sehr eintönig. Wir standen um 6 Uhr auf, und um 22 Uhr gingen die Lichter aus. Morgens und nachmittags mussten wir zwei Stunden lang auf dem Oberdeck herumstehen, und mittags war Appell. Wir nahmen unsere Mahlzeiten in den riesigen Speisesälen des Dampfers ein. Zwölf saßen an einem Tisch und ich musste abwechselnd bedienen, das Essen für die Kantine aus dem Dienstwagen holen und mit den anderen das schmutzige Geschirr spülen.

M——, unser Kommandant, war als Zivilist für eine Whiskyfirma unterwegs und hatte in dieser Funktion so viel Geld verdient, dass er sich eine Offiziersstelle kaufen konnte. Ein Umstand hatte ihn besonders wütend gemacht: Sobald wir ankamen, wurden wir gefragt, wer von uns täglich 2,50 Mark zahlen wolle, wofür wir unsere Mahlzeiten getrennt einnehmen, besseres Essen bekommen und vom Geschirrspülen befreit werden könnten. Natürlich durchschauten wir alle diesen üblen Schwindel, und es machte M—— besonders wütend, dass wir nicht akzeptierten. Am zweiten Tag beendete ich meinen Bericht für die englische Regierung und stellte ihn Herrn M—— vor. Er brach in beleidigendes Kichern aus.

„Sie wissen ganz genau, dass ich Ihr Gesuch nicht weiterleiten werde, und Sie können sich vorstellen, was ich damit machen werde. In Deutschland sind unsere englischen Generäle gezwungen, Pflüge über die Felder zu ziehen; *Sie* werden dafür bezahlen.“

Es war hoffnungslos, ihn von der Absurdität seiner Behauptungen zu überzeugen. Jeden Abend, wenn er vor dem Schlafengehen seinen Rundgang machte, kam er extra in mein Zimmer, machte das Licht an und sagte: „Immer noch da?" Zu kindisch!

Eines Tages wurden fünfzig Zivilgefangene von Herrn M—— angewiesen, das Deck der Ersten Klasse zu schrubben und die Bullaugen zu reinigen. Natürlich traten wir in den Streik. Als wir uns weiterhin weigerten, wurden wir bestraft, indem uns zweimal das Abendessen vorenthalten wurde und wir um 21 Uhr zu Bett gehen mussten. Außerdem war M—— ein solcher Feigling, dass er es nicht wagte, uns zu versammeln und unsere Bestrafung selbst anzuordnen, sondern in sicherer Entfernung blieb und seinen Unteroffizier als offiziellen Delegierten schickte.

M—— schäumte vor Wut.

„Natürlich", sagte er, „ist es wieder die Schuld dieses ‚Fliegers'; er ist die Ursache des ganzen Übels, und eines schönen Tages wird er die ganze Mannschaft zur Meuterei anstacheln. Aber ich werde ihm eine Lektion erteilen und ihn vor ein Kriegsgericht bringen."

Ich hatte genug von diesem Zustand, denn ich war völlig unschuldig, also schrieb ich M—— einen sehr energischen Brief, in dem ich die Hoffnung zum Ausdruck brachte, dass er nur ein „vorübergehender Leutnant" und kein „vorübergehender Gentleman" sei.

M. erklärte, er wolle mit dem „Fliegenden Mann" nichts mehr zu tun haben, und schon am nächsten Tag legte ein Dampfer längsseits an und nahm mich und einige meiner Unglücksgefährten von der „*Andania*"und ihrem vulgären Kerkermeister auf.

Was für eine Erleichterung! Der Zug fuhr noch viele Stunden Richtung Westen. Natürlich war ich wieder allein in meinem Abteil, in Begleitung nicht nur von drei Unteroffizieren, sondern auch von einem Offizier.

Am Abend erreichten wir Dorchester, wo mich eine völlig andere Atmosphäre empfing. Ein englischer Captain (sein Name war Mitchell) aus dem Gefangenenlager kam auf mich zu und fragte höflich, ob ich ein Offizier sei.

"Ja."

„In diesem Fall wundert es mich, dass man Sie in ein Soldatenlager gebracht hat. Bitte verzeihen Sie, wenn ich Sie nicht von einem Offizier eskortieren lassen kann. Aber mein Oberfeldwebel wird Sie begleiten. Gehen Sie bitte allein hinter den anderen Gefangenen her."

Ich war sprachlos.

Als wir durch dieses reizende, saubere Städtchen marschierten, hörte ich plötzlich hinter uns laut, fröhlich und schwungvoll „Die Wacht am Rhein" singen, gefolgt von den schönsten Soldatenliedern und dann „O Deutschland, hoch in Ehren!" Wir glaubten zu träumen, doch als wir uns erstaunt umsahen, sahen wir einen Trupp von etwa fünfzig deutschen Soldaten, die aus dem Lager zum Bahnhof requiriert worden waren, um unser Gepäck zu holen.

Oh, wie uns das Herz schlug! Mitten unter Feinden, trotz Verwundung und Gefangenschaft, diese flammende Begeisterung, dieser verzückte Gesang! Ich muss gestehen, die Engländer waren außerordentlich tolerant, und die Bevölkerung verhielt sich immer vorbildlich. Schweigend, dicht an dicht standen sie auf beiden Seiten der Straße. Aus allen Fenstern guckten uns hübsche Köpfchen entgegen, aber keine verächtliche Geste, kein Schimpfwort. Sie schienen sogar den alten deutschen Melodien zuzuhören.

Im Lager wurde dreißig Zivilgefangenen eine kleine Holzhütte zugewiesen, die Schlaf-, Ess- und Aufenthaltsraum in sich vereinte. Ein kleiner Strohsack, der auf dem Boden lag, und zwei Decken dienten als Schlafplatz. Mein Hauptmann bat mich, mich mit den bestehenden Verhältnissen abzufinden, da er mir leider kein eigenes Zimmer geben konnte.

Das Lager in Dorchester beherbergte 2000 bis 3000 Gefangene und bestand zum Teil aus alten Pferdeställen und Holzbaracken. In diesen Baracken waren vor hundert Jahren anlässlich des Besuchs von Feldmarschall Blücher deutsche Husaren untergebracht!

Die Häftlinge fühlten sich äußerst wohl, denn die Verpflegung war gut und reichlich, die Behandlung einwandfrei und es gab zahlreiche Möglichkeiten, sich sportlich zu betätigen.

Besonders Lob verdienten Captain Mitchell und Major Owen für die Behandlung unserer Männer. Beide waren echte alte Stammgäste, hatten viele Feldzüge und Schlachten mitgemacht und wussten, wie man mit Truppen umgeht. Diese beiden und der englische Sanitätsoffizier stellten den Männern Spiele, Turnkleidung und eine Kapelle zur Verfügung und taten, was sie konnten, für sie. Besonderes Lob gebührt dem ältesten deutschen Gefangenen, einem Warrant Officer aus München. Er war Kaufmann und sprach fließend Englisch. Eine höchst bemerkenswerte Persönlichkeit. Er war wirklich die Seele und der wahre Schutzengel des Lagers. Nichts wurde ohne seine Zustimmung und Anweisungen getan. Er war die rechte Hand des englischen Lagerkommandanten, und ohne ihn weiß ich nicht, was aus den Engländern geworden wäre, die nicht die geringste Spur von Organisationstalent besaßen. Es war einfach außergewöhnlich, wie dieser

Warrant Officer sich um unsere Leute kümmerte und als Vermittler zu den Engländern fungierte. Die englischen Offiziere wussten genau, was für eine Hilfe er ihnen war. Übrigens hatte ich nach meiner Ankunft in Dorchester bereits mein Gesuch um Versetzung in ein Offizierslager eingereicht, da ich wusste, dass Herr M. mein früheres Gesuch zurückgehalten hatte. Nach vierzehn Tagen kam es vom Kriegsministerium zurück mit der Bemerkung, dass der Name einer Person in England, die mich kannte, angegeben werden müsse. Dies war höchst unwillkommen; doch schließlich schrieb ich an meine englischen Bekannten und erhielt bereits nach drei Tagen ihre Antwort, dass sie bereitwillig für meine Identität bürgen würden. Die Papiere gingen erneut an das Kriegsministerium und ich wartete geduldig auf meine Versetzung.

Doch die Zeit verging, und ich blieb noch immer in Dorchester, und als die anderen Zivilgefangenen vierzehn Tage nach unserer Ankunft wieder an einen anderen Ort verlegt wurden, konnte ich arrangieren, dass ich im Soldatenlager in Dorchester bleiben konnte. Ich verließ jedoch meine Hütte und zog in ein kleines Zimmer über den Ställen, wo ich von Sergeant Major N. herzlich empfangen wurde.

Das Leben in diesem kleinen Zimmer war einmalig und voll inniger Kameradschaft. Meine Kollegen waren außer N. ein riesiger bayerischer Infanterist des Leibgarde-Regiments, der den Spitznamen „Schorsch" hatte und als unser Koch fungierte; ein flinker und geschickter Husarengefreiter aus Lothringen, von Beruf Polizist; außerdem zwei prächtige Schützengardisten von Riesengestalt, echte blonde Friesen. Nach einer Woche bekamen wir einen siebten Gast. Es war der Unterleutnant H., der Beobachter, den die Engländer mit seinem Piloten aus der Nordsee gefischt hatten, nachdem sie über vierzig Stunden auf der havarierten Maschine umhergetrieben waren.

Die Kameradschaft in diesem Raum war ideal. Die Männer waren alle beim großen Rückzug an der Marne gefangen genommen worden, und wie zu erwarten war, waren diese großartigen Kerle nur schwer verwundet in die Hände des Feindes gefallen. Sie waren von so gutem Charakter und zeigten eine so brennende Liebe zu ihrem Land, dass mein Herz mit Stolz und Zufriedenheit erfüllt war. Die Abende waren besonders angenehm. Wir erfanden ein grobes Spiel mit einem Brett und einigen Korkstücken und spielten regelmäßig jeden Abend mit kindlicher Freude *Petits Chevaux*.

Aber der wahre Spaß begann, als wir anfingen, Erfahrungen auszutauschen. Alles war neu für mich und ich war froh, endlich aus erster Hand von unserem großartigen Kampf und unseren Triumphen zu erfahren.

Jeden Nachmittag wurden 300 bis 400 Gefangene, natürlich streng bewacht von englischen Soldaten, zu ihren Übungen hinausgeführt, die sie in die schöne offene Landschaft führten. Ich begleitete sie oft. Die ganze Zeit wurden unsere Soldatenlieder gesungen; aber mit besonderer Kraft und Entzückung, wenn wir durch die Stadt marschierten, hin und zurück, „Die Wache am Rhein" und „O Deutschland, hoch in Ehren!" Man stelle sich 300 oder 400 unserer ausgewählten Männer vor, unsere siegreichen Truppen unter General von Kluck! Die englische Bevölkerung verhielt sich selbst dann äußerst zurückhaltend und äußerte nie ein Wort des Schimpfs oder einer Drohung. Der Sergeant Major erzählte mir von einer sehr netten Episode. Als Major Owen und Captain Mitchell ins Lager eingeteilt wurden, flehten ihre Frauen sie an, nicht ohne Eskorte und ohne schwere Bewaffnung zu den „Hunnen" zu gehen. Die beiden alten Soldaten behielten jedoch ihre Meinung für sich und wurden – nicht verschlungen! Nach einiger Zeit schlugen sie ihren Frauen vor, das Lager zu besuchen und sich davon zu überzeugen, dass die deutschen Soldaten ganz normale Menschen und keine Monster seien, wie sie in der Presse dargestellt würden. Natürlich fielen die Damen zunächst in Ohnmacht. Aber nach viel Überredungskunst und nachdem man ihnen einen Leibwächter zugesichert hatte, wagten sie es, die Büros ihrer Männer zu betreten und beobachteten das Treiben der deutschen Soldaten. Die Nachricht von dem Besuch sprach sich herum, und unser Männerchor versammelte sich schweigend unter den Fenstern und trällerte seine schönsten Lieder. Man erzählte mir, dass die Damen so tief bewegt waren, dass sie nicht sprechen konnten und ihre bitteren Tränen nicht zurückhalten konnten. Von da an kamen sie oft und zeigten unseren Männern viel Freundlichkeit.

Auch eine andere Geschichte ist sehr typisch.

Ein neuer Oberst kam ins Lager. Auf seinem ersten Rundgang war er bis an die Zähne bewaffnet und ging zwischen zwei Soldaten mit aufgepflanzten Bajonetten umher, einer vor ihm, der andere hinter ihm. Als er auf den Major und den Hauptmann traf, die völlig unbewaffnet und ohne Begleitung waren, machte er ihnen schwere Vorwürfe für ihre Nachlässigkeit.

Aber es ging ihm bald besser.

Eines Tages ließ dieser neue Kommandant die beiden Herren zu sich rufen und sagte in entsetztem Ton zu ihnen:

„Können Sie sich das vorstellen? Man hat uns neue Gefangene geschickt, und es heißt, sie seien voller Läuse! So etwas Schreckliches kann nur den Deutschen passieren."

Captain Mitchell wandte sich ruhig an den Major:

„Weißt du noch, Owen, dass wir bei unserem letzten Feldzug so voller Läuse waren, dass wir uns einfach nicht bewegen konnten?"

Der Oberst war entsetzt. Ich muss darauf hinweisen, dass der Oberst, obwohl er Oberst *war*, *in seinem Leben nie etwas mit militärischen Angelegenheiten zu tun gehabt hatte. Aber so etwas kann nur in England passieren!*

Gegen Ende März erhielt ich endlich Nachrichten von meinen Leuten. Es war fast neun Monate her, seit ich das letzte Mal von ihnen gehört hatte. Man kann sich leicht vorstellen, was ich empfand, als ich meinen ersten Brief von zu Hause in den Händen hielt und zögerte, ihn zu öffnen, denn alle meine Brüder und männlichen Verwandten waren seit Juli 1914 an der Front. Er teilte mir mit, dass sie noch in Sicherheit waren; meine geliebte kleine Schwester, meine beste Freundin, war jedoch an den Folgen des Krieges gestorben.

Gegen Ende März kam der Befehl, mich als Offizier anzuerkennen und in ein Offizierslager zu versetzen. Mein kleines Bündel und mein Hockeyschläger waren bald eingesammelt, und nach einem herzlichen Abschied von meinen Kameraden marschierte ich mit Major Owen zum Bahnhof.

Das feine Taktgefühl des alten Herrn empfand ich als ganz besonderen Segen. Nach mehrstündiger Fahrt erreichten wir Maidenhead bei London, wo ich von einem anderen englischen Offizier empfangen wurde. Und hier, oh Wunder, traf ich auch liebe alte Freunde wieder. Fünf glänzende Goldmünzen, die man dem Schlosser Ernst Suse abgenommen hatte, übergab ich meinem neuen Begleiter, und dieser konnte sie mir, da ich wieder Offizier war, sofort zurückgeben. Oh, was für eine Wiedersehensfreude! Ein Automobil brachte uns zum Offizierslager Holyport. Die Wachen präsentierten ihre Waffen, die Stacheldrahtzäune wurden geöffnet und ich befand mich inmitten einer freudigen Schar von Kameraden. Wer hätte sich diese Veränderung vorstellen können!

Ich traf wieder diejenigen, die ich zuletzt in Tsingtau gesehen hatte – die Sieger von Coronel, die wenigen tapferen Überlebenden der Falklandinseln. Unsere Freude ist unvorstellbar. Die Fragen und Antworten! Die Aufregung! Und dann geschah das Wunderbare, denn ich wurde in meinen Schlafsaal geführt, und dort sah ich tatsächlich sechs oder acht Betten, die mit weißen, sauberen Laken bezogen waren. Ich war acht Wochen lang Gefangener gewesen, und dies waren die ersten Betten, die ich erblickte. Kann man die schüchterne Ehrfurcht verstehen, mit der ich mich in dieser Nacht zur Ruhe legte?

Anfangs dachte ich, ich sei im Paradies, umso mehr, als ich wieder wie ein Mensch behandelt wurde. Ich war wieder unter meinen Kameraden, fand meine alten Freunde wieder und wurde dadurch sehr angeregt.

Die Behandlung im Lager war gut. Der englische Kommandant war ein vernünftiger Mann, der versuchte, uns das Leben zu erleichtern. Das Gebäude war eine alte Militärschule, und im Lager waren 100 Offiziere eingesperrt – acht bis zehn teilten sich einen Schlafsaal, der gleichzeitig ein Wohnzimmer war. Außerdem gab es eine Reihe von Kantinen, Lese- und Speisesälen, in denen wir die meiste Zeit verbrachten, wenn wir nicht an der frischen Luft waren. Das Essen war rein englisch, daher für die Mehrheit der Deutschen kaum genießbar, aber mehr als ausreichend und von guter Qualität. Anfangs bewirtschafteten wir unsere Kantinen selbst, aber das wurde uns leider später vom Kriegsministerium verboten. Tagsüber ließ man uns verhältnismäßig in Ruhe. Wir durften uns frei zwischen den Gebäuden und im Garten bewegen. Um zehn Uhr morgens gab es Appell, und um zehn Uhr abends „Licht aus" und Visite.

Natürlich war es uns nicht gestattet, uns dem Stacheldrahtzaun zu nähern, der das ganze Gelände umgab und Tag und Nacht streng bewacht und beleuchtet war. Zweimal am Tag wurden die Tore geöffnet und wir gelangten zwischen einer Gasse englischer Soldaten hindurch zum Sportplatz, der etwa 200 Meter entfernt lag. Unsere Spiele waren wunderbar organisiert. Zwei hervorragende Fußball- und vor allem einige tadellose Hockeyfelder standen uns zur Verfügung und wir zeigten eine so erstaunliche Form, dass sogar die Engländer beeindruckt waren. Es ist überflüssig zu erwähnen, dass auch diese Felder von Stacheldraht und Wachposten umgeben waren.

Eine sehr angenehme Besonderheit war das zweiwöchentliche Erscheinen eines hervorragenden Schneiders und auch eines Kurzwarenhändlers, der uns mit hervorragenden Strumpfwaren versorgte und uns die Möglichkeit gab, unsere Garderobe zu erneuern.

Unser Monatslohn betrug 120 Mark, von denen 60 für unseren Lebensunterhalt zurückgelegt wurden. Den Rest durften wir ausgeben und auch Geld von zu Hause empfangen. Die Post funktionierte reibungslos. Briefe aus Deutschland und Pakete brauchten sechs bis acht Tage und kamen regelmäßig an. Was unsere eigene Korrespondenz betraf, waren die Bedingungen weniger günstig. Unser wöchentliches Taschengeld bestand aus zwei kurzen Briefen, und wie gern hätten wir Riesenbriefe an unsere Liebsten zu Hause geschickt! Die Post war das A und O unseres Daseins. Wir teilten unseren ganzen Tag nach ihrer Zustellung ein, und die Stimmung im Lager wurde durch sie bestimmt.

Jeden Morgen bot sich das gleiche Schauspiel. Wenn der Dolmetscher mit den Briefen ankam, war alles verlassen und vergessen. Der englische Offizier war von einer schweigenden Menge wartender Menschen umgeben. Jedermanns Herz war erfüllt von dem brennenden Wunsch, ein Zeichen, eine liebevolle Botschaft aus der Heimat zu erhalten. Welche Freude, wenn sich die Hoffnungen erfüllten, wie groß war der Kummer und die Enttäuschung, wenn sie zerstört wurden. Im letzteren Fall sagten wir immer: „Noch ein verlorener Tag." Als ich zwei Monate später wieder in Deutschland war und von vielen Seiten gefragt wurde, was man tun könne, um den Gefangenen eine Freude zu machen, sagte ich immer: „Schreiben Sie, schreiben Sie so viel Sie können. Was der Gefangene am meisten verlangt, sind Briefe."

Wir lebten in sehr enger Kameradschaft. Abends saßen wir in Gruppen um die schönen, großen Kamine, in denen riesige Holzscheite brannten. Die Gespräche drehten sich um Schlachten und Siege, Leid und Tod und wilde, abenteuerliche Ereignisse. Wir hatten viele gute Bücher, und ein Streichquartett sowie ein Chor trugen viel zu unserer Unterhaltung bei.

Wir machten viele Scherze, und wenn wir herzhaft gelacht hatten, waren wir für eine Weile von der schrecklichen Bedrückung, die die Gefangenschaft auf unsere Seele ausübte, erleichtert.

Ende April wurde unser ruhiges Dasein schlagartig unterbrochen.

Eines Abends wurde der Befehl gegeben, fünfzig Offiziere in das Offizierslager in Donington Hall zu verlegen. Die Aufregung war groß, denn niemand wollte gehen; doch weder Bitten noch Widerstand setzten sich durch. Wir mussten unsere Koffer packen und losmarschieren. Ich war der einzige Marineoffizier der Gruppe, und das leider, weil der englische Lagerkommandant die Nähe zu London als zu gefährlich für mich ansah. Mein ergebener Freund Siebel, ein Heeresfliegeroffizier, folgte mir, so dass wir wenigstens zwei aus derselben Truppe zusammen blieben.

Am 1. Mai machten wir uns also wieder auf den Weg. Mit dem Auto fuhren wir zum Bahnhof Maidenhead, wo zwei reservierte Waggons auf uns warteten. Wir blieben ungestört in unseren Abteilen; die Waggons selbst wurden jedoch streng bewacht.

Viele Stunden lang rollten wir Richtung Norden. An den Bahnhöfen schauten die Leute neugierig in unsere Fenster, behielten aber eine ruhige Haltung. Manchmal streckte uns eine alte Frau, wahrscheinlich eine Suffragette, ihre unschöne Zunge entgegen. Endlich am Nachmittag erreichten wir den Bahnhof Donington Castle in der Nähe von Derby, wo wir uns in Gruppen einreihen mussten. Bewacht von sechzig oder siebzig Soldaten wurden wir mit dem Befehl „Schnell marsch" losgeschickt.

Vor dem Bahnhof wurden wir von einem schreienden Mob begrüßt, der aus Frauen, untergroßen Jungen und Kindern bestand, aber nur wenigen Männern. In Frankreich waren viele von uns an dieses würdelose Verhalten der Bevölkerung gewöhnt, aber in England war es eine neue Erfahrung. Die Frauen und Mädchen, die den unteren Klassen angehörten, benahmen sich wie Wilde. Schreiend und pfeifend liefen sie neben und hinter uns her, und gelegentlich wirbelte ein Stein oder ein Klumpen Erde durch die Luft. Aber die Mehrheit lachte sich schlapp und schien ihre Mätzchen ungemein zu genießen. An der ersten Kurve kam ein Auto hupend hinter uns her. Am Steuer saß unser Dolmetscher-Offizier, Mr. M——, ein dicker und hochmütiger Mensch, den wir später ausführlich kennenlernen sollten. Mr. M—— wollte Eindruck machen, und das tat er sofort, indem er einen seiner eigenen Soldaten, der zu unserer Eskorte gehörte, überfuhr. Es folgte ein allgemeiner Aufruhr, an dem sich jeder beteiligte. Schließlich sprangen zwei unserer „Hunnen" vor und retteten den unglücklichen Tommy unter den Rädern hervor. Daraufhin richtete sich die Wut der Frauen gegen Herrn M., der es nicht leicht gehabt hätte, wenn er nicht schnell davongefahren wäre. Es ist höchst bedauerlich, dass er dazu in der Lage war! Dieser Vorfall war jedoch schnell vergessen, und die Menge schrie weiter. Sie wurde immer wilder und der Schmutz immer zahlreicher, als plötzlich vier oder fünf Kühe, die friedlich kauten, heranschlenderten und versuchten, uns auf beiden Seiten zu überholen. Was folgte, war so komisch, dass wir ebenso wie unsere Tommies stehen blieben und vor Lachen brüllten. Beim Anblick der friedlichen Kühe kreischten die tapferen Amazonen verzweifelt, rafften ihre Röcke und rannten los! Rücksichtslos trampelten die Starken auf den Schwachen herum, und im Handumdrehen lag eine verwirrte Masse von Frauen schreiend und tretend in den Gräben zu beiden Seiten der Straße.

Danach wurden wir in Ruhe gelassen und durften unseren Weg zügig fortsetzen.

Die ganze Zeit über musterte ich aufmerksam unsere Umgebung und notierte mir verschiedene Orientierungspunkte, die sich vielleicht eines Tages als nützlich erweisen könnten.

Die Sonne brannte unbarmherzig auf uns herab und wir waren schweißgebadet, als wir endlich unser neues Zuhause erreichten – Donington Hall.

Dort herrschte Disziplin.

Vor uns öffneten sich die Portale und Stacheldrahtzäune. Die gesamte Wache kam heraus und präsentierte die Waffen. Der kommandierende Offizier und zwei Leutnants standen im rechten Flügel und erhoben die Hände zum Gruß.

Nach der Inanspruchnahme durch den Lagerkommandanten wurden wir auf die Räume verteilt und ich hatte das Glück, mir mit vier weiteren Kameraden, unter denen sich auch mein *Fidus Achates* Siebel befand, ein sehr nettes kleines Zimmer sichern zu können.

Auch hier traf ich eine große Anzahl alter Freunde wieder. Einige Überlebende der *Blücher* , einige von Torpedobootzerstörern und kleinen Kreuzern und mehrere Flieger von Heer und Marine.

Donington Hall war Englands Mustergefangenenlager. Nach allem, was wir wochenlang in englischen Zeitungen darüber gelesen hatten, hätte es das Paradies sein müssen. Täglich wurden in langatmigen Kolumnen die Regierung wegen des Luxus beschimpft, mit dem die deutschen Offiziere untergebracht waren. Wie üblich kamen die heftigsten Angriffe von Frauen, und sie machten sogar aus unserer Vertreibung aus Donington Hall eine feministische Angelegenheit. Sogar das Parlament musste sich wiederholt mit dieser Angelegenheit befassen. Es ging das Gerücht um, dass das Lager luxuriös ausgestattet war, dass wir mehrere Unterhaltungs- und Billardzimmer und einen privaten Wildpark hatten und sogar Fuchsjagden veranstalteten, die speziell zu unserem Vorteil veranstaltet wurden.

Nichts davon war wahr. Donington Hall war ein großes, altes Schloss aus dem 17. Jahrhundert, umgeben von einem schönen alten Park; aber seine Räume waren völlig leer und die Unterbringung so primitiv und dürftig wie nur möglich. Von den anderen Dingen – Unterhaltungsräume oder Jagd – fehlte jede Spur. Nach unserer Ankunft zählte das Lager 120 Insassen, und wir wurden wie eingelegte Heringe zusammengepfercht. Man kann sich nicht vorstellen, was passiert wäre, wenn das Lager seine volle Besetzung – 400 bis 500 Offiziere – gehabt hätte, denn unsere Kantinen, Küchen und Badezimmer usw. reichten schon jetzt bei weitem nicht aus.

Am meisten gefiel uns der schöne Park. Unser Wohnort war in zwei Zonen aufgeteilt, *nämlich* in die sogenannten Tag- und Nachtgrenzen. Diese Bereiche waren durch riesige Stacheldrahtzäune abgegrenzt, die teilweise unter Strom standen, nachts von starken Bogenlampen beleuchtet und Tag und Nacht von Wachen streng bewacht wurden.

Um sechs Uhr abends, nach dem Hauptappell, wurde die Tagesgrenze geschlossen und erst am nächsten Tag um acht wieder geöffnet. Das Leben in Donington Hall war praktisch dasselbe wie in Holyport, mit dem Unterschied, dass wir dank des Parks mehr Bewegungsfreiheit hatten, mehr Sport treiben konnten und drei Tennisplätze hatten. Das Essen hier war ebenfalls englisch, so dass es vielen nicht schmeckte; aber es war sehr gut. Der englische Oberst war vernünftig, und obwohl er oft murrte und manchmal eher dazu neigte, uns seine Autorität spüren zu lassen, war er ein vornehmer, intelligenter Mann und ein perfekter Soldat, und das war die

Hauptsache. Er tat alles, was in seiner Macht stand, um unser hartes Los zu erleichtern, und interessierte sich besonders für unsere Sportarten – was uns sehr zugute kam.

Er hatte einen höchst widerwärtigen Ersatz in der Person des Dolmetschers, Leutnant M——, des Automobilisten, der ein würdiges Gegenstück zu meinem Freund M—— von der *Andania war* – nicht nur „Leutnant auf Zeit", sondern auch „Gentleman auf Zeit". Seine Familie stammte aus Frankfurt am Main; er war vor dem Krieg Leiter einer Wandertruppe und tat nichts, um seine niederträchtige Gesinnung zu verbergen. Ich glaube, der englische Oberst blickte mit äußerster Verachtung auf ihn, und die englischen Sergeanten, mit denen wir gelegentlich in der Kantine ein paar Worte wechselten, baten uns zu glauben, dass nicht alle englischen Offiziere wie dieser Herr M—— seien.

Eines Abends, Ende Juni, hatten wir ein wunderbares Erlebnis. Außerhalb des Stacheldrahtzauns versammelte sich eine Herde wilder Hirsche – Rehe und Rehkitze – zu Hunderten und liefen herum, so zahm wie Ziegen.

An diesem Abend lief ein süßes kleines Rehkitz, das seine Mutter verloren hatte, am Maschendrahtzaun vorbei und schlängelte sich, angelockt durch unsere Lockrufe, geschickt durch die Verteidigung ins Lager. Das Rehkitz wurde umringt und gestreichelt (die Jäger knurrten) und schließlich wurde es triumphierend in den Armen eines Leutnants in die Jägerstube getragen, wo wir es aufziehen wollten.

Gott weiß, wie M. davon erfahren hat. Jedenfalls ließ er den deutschen Lageradjutanten rufen und sagte mit vor Angst bebender Stimme:

„Leutnant S., stimmt es, dass sich im Lager ein Tier befindet?"

„Ja, Sir, ein Tier."

„Ist es durch das Stacheldrahtgeflecht hereingekommen?"

„Ja, es ist einfach durchgekrochen."

„Oh, das ist ja furchtbar!", bemerkte Herr M. und schien seine Stimme völlig zu verlieren. „Ich muss sofort das Loch sehen, durch das das große Tier gekrochen ist. Ich bin überzeugt, dass die deutschen Offiziere den Draht durchgeschnitten haben, um zu entkommen. Das Tier muss auch sofort weggebracht werden."

Und so geschah es.

Und – das ist kein Witz – zwanzig Mann der Wache mit aufgepflanzten Bajonetten wurden gerufen. Der einsame deutsche Soldat mit dem unschuldigen kleinen Rehkitz wurde in ihre Mitte genommen. Auf den Befehl „Schnell marsch" bewegte sich die ganze Prozession zur inneren Tür des Zauns. Diese wurde geöffnet, die zwanzig Männer mit dem deutschen Soldaten und dem Rehkitz traten in den Zwischenraum, das sogenannte „Schloss", das innere Portal, wurde sorgfältig geschlossen. Erst dann wurde das äußere geöffnet, der Soldat befreite das Rehkitz, und danach machte sich die ganze Prozession auf den Rückweg. Oh, Herr M. – was haben Sie sich damit zum Gespött gemacht!

Danach wurden alle Verwicklungen sorgfältig untersucht, und obwohl es unmöglich war, auch nur die kleinste Spalte zu finden, durch die ein Mensch hätte kriechen können, kam M——— tagelang nicht zur Ruhe.

Abgesehen von der Post war das Eintreffen der Zeitungen das Hauptinteresse des Tages. Wir durften die *Times* und die *Morning Post* *empfangen* , und obwohl sie fast ausschließlich von Siegen der Entente berichteten, kannten wir sie nach kurzer Zeit so gut, dass wir zwischen den Zeilen lesen und den wirklichen Stand der Dinge annähernd richtig erraten konnten.

Aber welche Wut in den Zeitungen über den Untergang der *Lusitania* , und welche Wut, als die Russen sich zurückziehen mussten – natürlich nur aus strategischen Gründen! Wir hatten uns mehrere riesige Karten der Kriegsschauplätze angefertigt, die bis ins kleinste Detail richtig waren, und jeden Morgen um elf waren unsere „Generalstabsoffiziere" eifrig damit beschäftigt, die kleinen Flaggen zu bewegen. Oft stand der englische Colonel selbst davor und schüttelte nachdenklich den Kopf.

KAPITEL XII

DIE FLUCHT

Mit der Zeit wurde die Gefangenschaft unerträglich. Nichts linderte meine Niedergeschlagenheit – weder Briefe, Pakete, die mir liebevoll von zu Hause nachgeschickt wurden, noch die Gesellschaft meiner Freunde, nicht einmal Hockey, dem ich mich so intensiv widmete, dass ich abends halb tot vor Müdigkeit einschlief.

Es war alles vergebens. Schließlich hatte mich die Gefangenenkrankheit – das Heimweh – im Griff, wie es so viele vor mir gepackt hatte. Die Apathie der schrecklichsten Verzweiflung, der völligen Hoffnungslosigkeit. Hoffnungslos!

Stundenlang lag ich im Gras und starrte mit weit aufgerissenen Augen in den Himmel, und meine ganze Seele sehnte sich sehnsüchtig nach den weißen Wolken da oben, um mit ihnen in das ferne, geliebte Land zu ziehen.

Wenn ein englischer Flieger ruhig und sicher am blauen Firmament schwebte, zog sich mein Herz vor Schmerz zusammen, und eine wilde, verzweifelte Sehnsucht ließ mich erschauern. Mein Zustand verschlechterte sich immer mehr. Ich wurde reizbar und nervös, benahm mich brüsk gegenüber meinen Kameraden und verschlechterte mich sichtbar sowohl geistig als auch körperlich. Das war völlig unvernünftig von meiner Seite, denn ich hätte zufrieden sein sollen, dass ich wenigstens etwas von den Feindseligkeiten gesehen und viele interessante Erfahrungen gemacht hatte! So viele fielen schon in den ersten Kriegstagen verwundet in die Hände des Feindes; aber am bedauerlichsten waren diejenigen, die zu Beginn des Krieges aus Amerika gekommen waren, all ihre Habe und alles, was ihnen lieb war, aufgegeben hatten, um ihrem Vaterland zu dienen, und durch englischen Verrat gefangen genommen worden waren, bevor sie eine Chance hatten, das Schwert zu ziehen.

Wir waren sehr deprimiert, weil uns die Kriegsnachrichten aus deutschen Quellen vorenthalten wurden, und obwohl wir den Lügenberichten der Engländer natürlich keinen Glauben schenkten, empfanden wir nach einer Weile die Bedrückung, Woche für Woche nichts als Beschimpfungen über Deutschland, Nachrichten über Niederlagen, Revolutionen und Hungersnöte dort zu lesen. Die Ungewissheit war unsere schlimmste Prüfung, und die Nachricht vom gemeinen Verrat Italiens traf uns besonders hart.

Welch ein Triumph in den englischen Zeitungen!

Schließlich konnte ich es nicht mehr ertragen. Es musste etwas getan werden, um mich vor der Verzweiflung zu bewahren.

Tag und Nacht habe ich Pläne geschmiedet, gegrübelt und überlegt, wie ich aus dieser elenden Gefangenschaft entkommen könnte. Ich musste mit größter Ruhe und Vorsicht vorgehen, wenn mir das gelingen sollte.

Stundenlang ging ich vor verschiedenen Teilen des Verhaues auf und ab, während ich unauffällig jeden Draht und jeden Pfahl untersuchte. Stundenlang lag ich im Gras in der Nähe einiger der Stellen, die mir günstig erschienen, und stellte mich schlafend. Aber die ganze Zeit beobachtete ich aufmerksam jedes Objekt und notierte mir die Wege und Gewohnheiten der verschiedenen Wachen. Ich hatte bereits die Stelle festgelegt, an der ich beschlossen hatte, über den Stacheldraht zu klettern. Nun blieb die Frage, wie wir nach Überwindung dieses Hindernisses weiterkommen sollten. Wir besaßen weder eine Karte von England noch einen Kompass, keinen Fahrplan, keinerlei Hilfsmittel. Wir wussten nicht einmal, wo genau Donington Hall lag. Ich kannte die Straße nach Donington Castle, denn ich hatte sie mir am Tag unserer Ankunft eingeprägt. Ich hatte auch von einem Offizier gehört, der mit dem Auto von Derby nach Donington Hall gebracht worden war, dass letzteres etwa 25 bis 30 Meilen nördlich lag und dass er eine lange Brücke passiert hatte, bevor das Auto in das Dorf einbog. Als nächstes freundete ich mich mit einem netten alten englischen Soldaten an, dem ich ab und zu ein paar Zigarren schenkte und ihn zu einem Glas Bier in die Kantine einlud. Nachdem wir uns mehrere Male getroffen hatten, fragte ich ihn, ob er es nicht sehr langweilig fände, an Donington gebunden zu sein, und ob er manchmal Abwechslung hätte?

„Oh ja", sagte er, ab und zu fahre er mit dem Fahrrad nach Derby ins Kino.

„Wie, Derby?", sagte ich. „Aber das ist zu weit für dich. Dafür bist du viel zu alt!"

„Zu alt? Ich? Nein, Sir! Sie kennen keinen englischen Tommy, wenn Sie das sagen können. Wenn ich auf meinem Fahrrad sitze, kann ich mit jedem jungen Kerl um die Wette fahren und in drei bis vier Stunden bin ich in Derby!"

Für diesen Tag hatte ich genug gelernt. In der nächsten Woche traf ich meinen alten Freund wieder. Wir begrüßten uns und ich drückte ihm ein paar Zigarren in die Hand, die ich immer bei mir trage, obwohl ich nicht rauche.

„Hallo, Tommy!", begann ich plötzlich. „Ich habe gestern mit einem Offizierskollegen gesprochen. Ich habe geschworen, dass Derby nördlich von uns liegt, und er besteht darauf, dass es südlich von uns liegt. Wenn ich gewinne, kriegst du einen großen Krug Bier."

Die Augen meines Freundes glänzten vor Freude und er versicherte mir bei seinem heiligen Eid, dass ich gewonnen hätte und dass Derby mit Sicherheit nördlich von Donington Hall liege.

Jetzt wusste ich es.

Und dann beschloss ich, gemeinsame Sache mit einem Marineoffizier, Oberleutnant Trefftz, zu machen, der England kannte und bemerkenswert gut Englisch sprach.

Als Zeitpunkt für unsere Flucht hatten wir den 4. Juli 1915 gewählt. Wir hatten ihn bis ins kleinste Detail geprobt und alle Vorbereitungen getroffen.

Am 4. Juli haben wir uns morgens krankgemeldet.

Beim Morgenappell um 10 Uhr wurden unsere Namen in die Krankenliste eingetragen, und als diese fertig war, kam der Ordonnanzfeldwebel in unser Zimmer und fand uns krank im Bett vor.

Alles hat gut funktioniert.

Am Nachmittag fiel dann die Entscheidung.

Gegen 16 Uhr zog ich mich an, sammelte alles zusammen, was ich für die Flucht für nötig hielt, aß mehrere kräftige Butterbrötchen und verabschiedete mich von meinen Kameraden, insbesondere von meinem treuen Freund Siebel, den ich leider nicht mitnehmen konnte, da er kein Seemann war und kein Englisch sprach.

Es war ein heftiger Sturm im Gange, und der Regen strömte in Strömen vom grauen Himmel. Die Wachen standen nass und fröstelnd in ihren Wachhäuschen, und deshalb achtete niemand darauf, als zwei Offiziere beschlossen, trotz des Regens im Park umherzugehen. Im Park befand sich eine von Sträuchern umgebene Grotte, von der aus man die ganze Fläche und den Stacheldraht überblicken konnte, ohne selbst gesehen zu werden.

Hier schlichen Trefftz und ich hinein. Wir verabschiedeten uns eilig von Siebel, der uns mit Gartenstühlen zudeckte, und waren allein. Von nun an waren wir in der Hand der Vorsehung, und es war zu hoffen, dass uns das Glück nicht im Stich lassen würde.

Wir warteten in atemloser Spannung. Minuten kamen uns wie Jahrhunderte vor, doch langsam und sicher verging eine Stunde nach der anderen, bis die Turmuhr mit lautem, klarem Schlag sechs schlug. Unsere Herzen klopften im Gleichklang. Wir hörten die Glocke zum Appell läuten, das Kommando „Achtung" und dann das laute Schließen der Tagesgrenze. Wir wagten kaum zu atmen, da wir jeden Moment damit rechneten, unsere Namen aufgerufen zu hören. Es war 6.30 Uhr und nichts war geschehen. Eine schwere Last fiel von unseren Schultern. Gott sei Dank war der erste Akt ein Erfolg. Denn während des Appells waren unsere Namen wieder auf der Krankenliste gemeldet worden, und sobald die Offiziere ausfallen durften, rannten zwei unserer Kameraden so schnell sie konnten durch den Hintereingang zurück und besetzten Trefftzs und meines Bett. Als der Sergeant also eintraf, konnte er die beiden Invaliden zufriedenstellend erfassen. Da nun alles in Ordnung war, wurde die Nachtgrenze wie jede Nacht geschlossen und sogar die Wachen aus der Tagesgrenze zurückgezogen. So waren wir auf uns selbst gestellt. Der außergewöhnlich starke Regen erwies sich für uns als Segen, denn die englischen Soldaten gaben sich abends normalerweise allerlei Scherzen hin, und wir hätten leicht entdeckt werden können.

Die Stunden vergingen wie im Flug. Wir lagen schweigend da, stießen uns manchmal an und nickten freudig mit dem Kopf, wenn wir daran dachten, dass bis jetzt alles so glatt gelaufen war.

Um 22.30 Uhr erreichte unsere Aufregung ihren Höhepunkt. Wir mussten unsere zweite Prüfung bestehen. Das Signal „Anstehen" war deutlich zu hören und aus dem offenen Fenster meines ehemaligen Zimmers schallte es klangvoll „Die Wache am Rhein". Es war das gemeinsame Signal, dass alle in Alarmbereitschaft waren.

Der Ordonnanzoffizier ging in Begleitung eines Unteroffiziers durch alle Räume und überzeugte sich, dass niemand fehlte. Durch wochenlange Beobachtungen hatte ich festgestellt, dass die Ordonnanzoffiziere immer denselben Weg wählten, um nach ihrem Rundgang auf dem kürzesten Weg in ihre Quartiere zurückzukehren. So war es auch heute Nacht. Der Rundgang begann mit dem Zimmer, aus dem Trefftz fehlte. Natürlich war sein Bett bereits von jemandem belegt.

„Alle da?"

"Jawohl!"

„Gut! Gute Nacht, meine Herren."

Und so weiter. Kaum war der Ordonnanzoffizier um die Ecke gebogen, liefen zwei weitere Kameraden in die entgegengesetzte Richtung in mein Zimmer, um auch hier alle als „anwesend" zu melden.

Es ist schwer, unsere Aufregung und nervöse Anspannung zu begreifen, während dies geschah. Wir verfolgten alles in Gedanken, und als plötzlich für eine unerträglich lange Zeit Stille herrschte, befürchteten wir das Schlimmste. Mit eiskalten Händen und auf das leiseste Geräusch gespitzten Ohren lagen wir da und wagten kaum zu atmen.

Um 23 Uhr durchbrach schließlich ein lautes Jubeln die Stille. Es war unser gemeinsames Signal, dass alles klar war!

KAPITEL XIII

SCHWARZE NÄCHTE AUF DER THEMSE

Alles um uns herum war still. Der Regen hörte auf. Der Park lag in Dunkelheit gehüllt, und nur das Licht der riesigen Bogenlampen, die die Nachtgrenze erhellten, strömte schwach zu uns herüber. Das dumpfe Geräusch der Schritte der Wachen, die vor ihren Boxen auf und ab gingen, und ihre viertelstündlichen Rufe klangen unheimlich in der Stille. Um Mitternacht wurde die Wache abgelöst, und ich verfolgte sie mit gespannter Aufmerksamkeit. Daraufhin ließ der Ordonnanzoffizier seine Lampe über die Tagesgrenze leuchten, und um 0.30 Uhr herrschte wieder Ruhe.

Der Augenblick zum Handeln war gekommen. Ich schlich leise wie eine Katze aus meinem Versteck durch den Park bis zum Stacheldrahtzaun, um mich zu überzeugen, dass keine Wachen da waren. Als ich sah, dass alles in Ordnung war und ich die Stelle gefunden hatte, wo wir hinüberklettern wollten, kroch ich wieder zurück, um Trefftz zu holen. Daraufhin gingen wir auf demselben Weg zurück.

Als wir den Zaun erreichten, gab ich Trefftz meine letzten Anweisungen und überreichte ihm mein kleines Bündel.

Ich war der Erste, der über den Zaun kletterte. Er war etwa 2,70 Meter hoch und alle 20 Zentimeter war der Draht mit langen Stacheln besetzt.

2,5 Fuß über dem Boden waren stromführende Drähte angebracht. Eine bloße Berührung hätte genügt, um ein Glockensystem in Gang zu setzen, das natürlich das ganze Lager alarmiert hätte. Wir trugen Ledergamaschen zum Schutz gegen die Stacheln; um unsere Knie hatten wir Wickelgamaschen gewickelt und wir trugen Lederhandschuhe.

Aber alle diese Vorsichtsmaßnahmen halfen nichts, und wir bekamen schlimme Kratzer von den Stacheln. Sie verhinderten jedoch, dass wir ausrutschten und mit den elektrischen Leitungen in Berührung kamen. Mit Leichtigkeit schwang ich mich über den ersten Zaun. Trefftz reichte uns unsere beiden Bündel und folgte mir ebenso mühelos.

Als nächstes standen wir vor einem Drahthindernis, 3 Fuß hoch und 30 Fuß breit, das nach den neuesten und raffiniertesten Methoden konstruiert war. Wir rannten wie Katzen darüber. Danach kamen wir wieder zu einer hohen Stacheldrahthecke, die genau nach dem gleichen Muster wie die erste gebaut und ebenfalls elektrisch geladen war. Auch das schafften wir, außer dass ich ein Stück aus dem Hosenboden riss, das ich herausholen musste, um es später wieder hineinzustecken.

Aber Gott sei Dank waren wir über der Grenze!

Trefftz und ich reichten uns die Hände und sahen uns schweigend an.

Doch nun begann die größte Schwierigkeit. Vorsichtig gingen wir in der Dunkelheit vorwärts, überquerten einen Bach, kletterten über eine Mauer, sprangen in einen tiefen Graben und schlichen schließlich an dem Wachhaus vorbei, das am Eingang des Lagers stand. Erst dann waren wir im Freien.

Wir liefen ohne anzuhalten die breite Hauptstraße entlang, die zum Donington Castle führte. Nach einer halben Stunde hielten wir an und zogen unsere Leggings und Handschuhe aus, die vom Stacheldraht zerschnitten und zerrissen waren. Unsere Handflächen, unsere Füße, ganz zu schweigen von anderen Körperteilen, waren in einem hübschen Zustand. Der Stacheldraht hinterließ uns Souvenirs, die uns wochenlang schmerzten.

Wir öffneten nun unsere Bündel, holten unsere grauen Ziviljacken heraus und gingen in bester Laune die Straße hinunter, als kämen wir von einer späten Veranstaltung. Als Donington Castle in Sicht kam, mussten wir besonders vorsichtig sein. Wir hatten uns über alles geeinigt, was wir tun würden, falls wir jemandem begegnen würden.

Plötzlich, als wir gerade ins Dorf einbogen, kam uns ein englischer Soldat entgegen. Trefftz umarmte mich, zog mich an sich und wir benahmen uns wie ein ausgelassenes Turteltaubenpärchen. Der Engländer musterte uns neidisch und ging mit schnalzender Zunge weiter. Erst dann ließ mich etwas an der untersetzten, untersetzten Gestalt erkennen, dass es der Sergeant Major unseres Lagers war! Wir stiegen zügig aus, und nachdem wir das Dorf passiert hatten, hatten wir Glück und kamen auf die Brücke, von der man uns erzählt hatte. Aber sofort standen wir vor einer kritischen Angelegenheit. Die Landstraße verzweigte sich hier in drei Richtungen, und ohne Kenntnis der Straße war es unmöglich, weiterzukommen. Endlich entdeckten wir trotz der Dunkelheit einen Wegweiser – eine äußerste Seltenheit in England. Glücklicherweise war er aus Eisen, und als Trefftz ihn erklommen hatte, konnte er mit den Fingern das Wort „Derby" ertasten, das in erhabenen Buchstaben darauf geschrieben stand.

Wir gingen jetzt schnell voran, orientierten uns am Polarstern und schwenkten kräftig weiter. Immer wenn wir auf Fußgänger und Autos trafen, und besonders wenn letztere hinter uns fuhren, versteckten wir uns im Graben und warteten, bis die Gefahr vorüber war. Es war ganz natürlich, dass wir in jedem vorbeikommenden Auto die Anwesenheit eines Boten der Nemesis vermuteten, der bereit war, sich auf uns zu stürzen. Wenn wir hungrig waren, aßen wir ein wenig von dem Schinken und der Schokolade, die wir mitgebracht hatten. Leider war das eine zu salzig und das andere zu süß, so dass wir von einem unstillbaren Durst geplagt wurden, der bald so unerträglich wurde, dass wir kaum vorwärtskamen. Die Sache wurde noch schlimmer, da wir während unserer Anstrengungen stark geschwitzt hatten, und jetzt konnten wir unseren Durst nicht besser stillen, als im Graben zu stehen und die Regentropfen von den Blättern zu lecken, bis wir eine schmutzige kleine Pfütze fanden, in die wir uns gierig warfen. Und war das nicht gut!

Allmählich dämmerte es. Gegen vier Uhr morgens, als wir die ersten Häuser der Vororte von Derby in Sichtweite hatten, ging die Sonne in majestätischer Pracht auf, wie eine purpurrote Kugel am Horizont. Wir standen hingerissen von diesem herrlichen Schauspiel, schüttelten uns noch einmal die Hände und winkten der Sonne freudig zu.

Denn er kam aus Deutschland, direkt aus unserem Land; er hatte seine roten Farben von den roten Schlachtfeldern mitgenommen und brachte uns treue Botschaften von unseren Lieben. Ein gutes Omen!

Wir schlichen uns nun in einen kleinen Garten und machten eine aufwendige Toilette. Eine Kleiderbürste wirkte Wunder und eine Nadel reparierte den Schaden an meiner Hose. Der Mangel an Rasierseife wurde durch Spucke ausgeglichen, wonach unsere armen Gesichter der Pflege eines Gilette-Rasierers unterzogen wurden. Jeder von uns trug seinen eigenen Kragen und seine Krawatte und ließ die Bürste sowie andere unnötige Hindernisse hinter uns. Wir betraten Derby und sahen aus wie wahre „Knuts".

Unser Glück hielt an, und wir fanden nicht nur bald den Bahnhof, an dem wir uns unauffällig trennten, sondern erfuhren auch, dass der nächste Zug nach London in einer Viertelstunde abfuhr. Ich nahm eine Rückfahrkarte dritter Klasse nach Leicester und bestieg, mit einer dicken Zeitung bewaffnet, den Zug. In Leicester stieg ich aus, zog eine Fahrkarte nach London und als ich das Abteil betrat, saß mir ein Herr in einem grauen Mantel gegenüber, den ich schon einmal getroffen haben musste, von dem ich aber natürlich keine Notiz nahm. Ich glaube, sein Name begann mit T.

Gegen Mittag erreichte der Zug London. Als ich am Schaffner vorbeikam, musste ich gestehen, dass ich mich nicht ganz wohl fühlte und dass meine Hand ein wenig zitterte. Aber nichts geschah und nach ein paar Minuten wurde ich vom Strudel der Hauptstadt verschluckt.

Es war ein großes Glück, dass ich vor zwei Jahren einige Zeit in London verbracht hatte und mich gut auskannte. Ich besuchte nacheinander vier verschiedene Restaurants, wo ich meinen Hunger stillte, indem ich in jedem Restaurant maßvoll aß, um Kommentare über meinen Heißhunger zu vermeiden. Danach ging ich an der Themse entlang, erinnerte mich an alle Straßen, Brücken und Anlegestellen, die ich von früher kannte, und achtete besonders auf die Orte, an denen neutrale Dampfer ankerten.

Ich hatte mir vorgestellt, dass die Bedingungen günstiger sein würden und ich sofort ein Boot finden würde. Aber jetzt sah ich, dass alle Kais und die meisten neutralen Dampfer streng bewacht waren und mitten im Fluss lagen. In diesem Moment trug alles zu meiner Depression bei: die fremde Umgebung, meine Unsicherheit am Anfang, als ich mir einbildete, dass jeder wüsste, wer ich war, und erraten könnte, dass ich aus Donington Hall geflohen war; auch die Müdigkeit und Aufregung der Nacht zuvor und das Gefühl völliger Einsamkeit in der riesigen, feindlichen Stadt. Ich hatte auch keine Zeitung mit den Schiffsinformationen bekommen, und das war eine bittere Enttäuschung.

War es da verwunderlich, dass ich um sieben Uhr abends müde und niedergeschlagen auf den Stufen der St. Pauls-Kathedrale stand und auf Trefftz wartete? Ich wartete bis neun, aber kein Trefftz erschien.

Überzeugt, dass Trefftz bereits auf einem befreundeten Dampfer entkommen war, schleppte ich mich völlig erschöpft nach Hyde Park, wo ich zu meinem weiteren Verdruss feststellte, dass er geschlossen war. Was sollte ich jetzt tun? Wo sollte ich schlafen? Ich konnte nicht auf der Straße bleiben, wenn ich unbemerkt bleiben wollte, und ich wagte es nicht, in ein Hotel zu gehen, da ich keinen Pass hatte, der selbst für Engländer obligatorisch geworden war und ohne den kein Hotelbesitzer Besucher empfangen durfte.

In einer elenden Kneipe, die ich zur Stärkung betreten hatte, konnte ich nur warmes Stout und ein Stück Kuchen ergattern. Alles andere war bereits verbraucht, und als die Kneipe schloss, war ich wieder auf der Straße. Ich bog in eine aristokratische Gasse ein, in der schöne Herrenhäuser von sorgfältig gepflegten Gärten umgeben waren. Ich konnte mich kaum auf den Beinen halten, und im ersten günstigen Moment sprang ich mit rascher Entschlossenheit über einen der Gartenzäune und versteckte mich in einer dichten Buchshecke, nur einen Fuß vom Bürgersteig entfernt. Es ist schwer, meinen Gemütszustand zu beschreiben. Mein Puls raste, und die Gedanken rasten wild durch mein müdes Gehirn. In meinen Regenmantel gehüllt, lag ich in meinem Versteck, verstohlen – wie ein Dieb.

Wenn mich jemand in dieser schrecklichen Lage gefunden hätte – ich, ein deutscher Offizier! Ich fühlte mich wie ein Verbrecher und war in meinem Herzen fest entschlossen, niemandem die Einzelheiten meines verabscheuungswürdigen Abenteuers zu offenbaren. Oh, hätte ich damals gewusst, wo ich mich bald nachts aufhalten müsste, und hätte ich nichts Seltsames daran gefunden, ich hätte meine Lage weniger schmerzlich empfunden!

Nachdem ich etwa eine Stunde in meinem Unterschlupf gelegen hatte, öffnete sich die Glastür des Hauses, die auf eine schöne Veranda führte, und mehrere Damen und Herren im Abendkleid kamen heraus, um die Kühle der Nacht zu genießen. Ich konnte sie sehen und jedes Wort hören. Bald mischten sich die Klänge eines Klaviers mit denen einer herrlichen Sopranstimme, und die wunderbarsten Lieder von Schubert erfüllten meine Seele mit Sehnsucht.

Schließlich übermannte mich die völlige Erschöpfung, und ich schlief tief und fest, während ich in meinem Geist die schönsten Bilder der Zukunft sah.

Am nächsten Morgen wurde ich durch die gleichmäßigen schweren Schritte eines Polizisten geweckt, der die Straße auf und ab marschierte, ganz in der Nähe meines Liegeplatzes, während die hellen, warmen Strahlen der Sonne auf mich herabschienen.

Ich hatte also verschlafen, und jetzt musste ich vorsichtig sein. Die Polizisten schlenderten wie Idioten auf und ab, ohne auch nur daran zu denken, wegzugehen. Endlich war mir das Glück hold. Eine bezaubernde Zofe öffnete die Tür, und schwupps! stand der Polizist an ihrer Seite und unterhielt sich spielerisch mit der hübschen Dame.

Ohne von einem der beiden gesehen zu werden, sprang ich mit einer schnellen Bewegung über den Zaun auf die Straße. Es war bereits sechs Uhr, und Hyde Park wurde gerade eröffnet. Da die U-Bahn noch nicht fuhr, ging ich in den Park und ließ mich der Länge nach auf einer Bank nieder, in der Nähe anderer Vagabunden, die es sich dort bequem gemacht hatten. Dann zog ich meinen Hut tief ins Gesicht und schlief tief und fest bis neun Uhr.

Mit neuer Kraft und neuem Mut betrat ich die U-Bahn und wurde zum Hafen getragen. Im Strand erregten riesige gelbe Plakate meine Aufmerksamkeit, und wer kann mein Erstaunen beschreiben, als ich darauf in großen, fetten Buchstaben las:

(1) Herr Trefftz sei am Vorabend wieder festgenommen worden; (2) Herr Plüschow sei noch auf freiem Fuß; (3) die Polizei sei ihm aber bereits auf der Spur.

Die erste und die dritte Nachricht waren neu, aber über die zweite wusste ich Bescheid. Ich kaufte mir sofort eine Zeitung und ging in ein Teehaus, wo ich mit großem Interesse die folgende Anzeige las:

„ EXTRA LATE WAR EDITION “ „JAGD AUF ENTKOMMENE DEUTSCHE" *Hohe Stimme als Hinweis*

„Scotland Yard veröffentlichte gestern Abend die folgende geänderte Beschreibung von Gunther Plüschow, einem der deutschen Gefangenen, die am Montag aus Donington Hall, Leicestershire, geflohen sind:

Größe: 5 Fuß 5½ Zoll; Gewicht: 135 Pfund; Hautfarbe: hell; Haare:
blond; Augen: blau; und Tätowierung: chinesischer Drache auf dem
linken Arm.

Wie bereits im *Daily Chronicle berichtet* , wurde Plüschows Begleiter Trefftz am
Montagabend in den Millwall Docks wieder gefangen genommen. Beide
Männer sind Marineoffiziere. Einer früheren Beschreibung zufolge ist
Plüschow 29 Jahre alt. Seine Stimme ist hoch.

„Er sieht besonders elegant und adrett aus, hat sehr schöne Zähne, die er
beim Sprechen oder Lächeln ziemlich deutlich zeigt, ist ,sehr englisch im
Benehmen' und kennt dieses Land gut. Er kennt auch Japan gut. Er ist
sowohl geistig als auch körperlich schnell und aufmerksam und spricht
fließend und genau Französisch und Englisch. Er trug einen grauen
Freizeitanzug oder einen grau-gelben Mischanzug."

Armer Trefftz! Sie hatten ihn also erwischt! Ich wusste genau, was ich tun
würde, und der Haftbefehl verlieh mir einige wertvolle Punkte. Zuerst
musste ich meinen Regenmantel loswerden. Ich ging also zum Bahnhof
Blackfriars und ließ meinen Mantel in der Garderobe. Als ich das
Kleidungsstück abgab, fragte mich der Angestellte plötzlich: „Wie heißen Sie,
Sir?" Diese Frage haute mich völlig um, da ich darauf nicht vorbereitet war.
Mit zitternden Knien fragte ich: „Meinen?" und antwortete auf Deutsch, da
ich natürlich davon ausging, dass der Mann meine Identität erraten hatte.

„Oh, ich verstehe, Herr Mine – Mine", und er überreichte mir eine Quittung
auf den Namen von Herrn Mine. Es war ein Wunder, dass dieser Beamte
meine Angst nicht bemerkt hatte, und ich fühlte mich besonders unwohl, als
ich an den beiden Polizisten vorbei musste, die am Bahnhof Wache standen
und mich scharf musterten.

Ich war in einem dunkelblauen Anzug geflohen, der in Shanghai hergestellt
und in schneller Folge von den Herren Brown und Scott, vom Millionär
MacGarvin und dann vom Schlosser Ernst Suse getragen worden war. Dann
erlebte er wieder bessere Tage, als er von einem deutschen Marineoffizier
getragen wurde, und nun endete sein Dasein am Körper des Hafenarbeiters
George Mine. Unter dem Mantel trug ich einen blauen Matrosenpullover,
den mir ein Marinegefangener in Donington Hall gegeben hatte. In meiner
Tasche trug ich eine zerfetzte alte Sportmütze, ein Messer, einen kleinen
Spiegel, ein Rasierset, ein Stück Schnur und zwei Lappen, die Taschentücher
darstellten. Außerdem war ich stolzer Besitzer eines Vermögens von 120
Schilling, das ich teilweise gespart und teilweise geliehen hatte; aber weder
damals noch später besaß ich jemals Papiere oder Pässe irgendeiner Art.

Ich suchte mir jetzt ein ruhiges, einsames Plätzchen. Mein schöner weicher Hut fiel versehentlich von der London Bridge in den Fluss; Kragen und Krawatte folgten von einer anderen Stelle; ein schöner vergoldeter Knopf hielt mein grünes Hemd zusammen. Danach färbte eine Mischung aus Vaseline, Schuhcreme und Kohlenstaub mein blondes Haar schwarz und fettig; meine Hände sahen bald aus, als hätten sie noch nie Wasser kennengelernt; und schließlich wälzte ich mich in einem Kohlenhaufen, bis ich zum perfekten Prototyp des streikenden Hafenarbeiters geworden war – George Mine.

In dieser Verkleidung war es völlig unmöglich, mich als Offizier zu verdächtigen, und „elegant und elegant" waren die letzten Worte, die man mir hätte zuschreiben können. Ich glaube, ich habe meine Rolle wirklich gut gespielt, und nachdem ich meinen inneren Ekel vor dem Schmutz meiner Umgebung überwunden hatte, fühlte ich mich zum ersten Mal sicher. Ich war in der Lage, das darzustellen, was ich sein wollte – ein fauler, schmutziger Binnenschiffer oder ein Arbeiter auf einem Segelschiff.

KAPITEL XIV

Immer noch auf freiem Fuß

„ DER CHINESISCHE DRACHE HINWEIS

„GUNTHER PLÜSCHOW, der deutsche Marineleutnant, der aus Donington Hall flüchtig war, ist nun seit sieben Tagen auf freiem Fuß. Der chinesische Drache, der während seines Einsatzes im Osten auf seinen linken Arm tätowiert wurde, sollte jedoch seine Identität verraten.

„Weitere Einzelheiten über die Flucht von Leutnant Trefftz, der innerhalb von 24 Stunden in den Millwall Docks gefasst wurde, zeigen, dass am vergangenen Sonntagabend ein heftiges Gewitter über Donington Hall tobte, als der Abendappell durchgeführt wurde. Anstatt sich mit den anderen Gefangenen im inneren der beiden Stacheldrahtringe zu versammeln, versteckten sich die beiden im äußeren Kreis. Ihre Namen wurden von anderen Gefangenen beantwortet. Ein Holzbrett in der Nähe des äußeren Rings zeigte, wie sie über den Stacheldraht gekommen waren."

[Eine Woche nach der Flucht kursierte die Mitteilung in der Presse.]

Tagelang lungerte ich in London herum, die Mütze keck in den Nacken gelegt, die Jacke offen, so dass mein blauer Pullover und sein einziges Schmuckstück, der goldene Knopf, zu sehen waren, die Hände in den Taschen, pfiff und spuckte, wie es die Sitte der Seeleute in Häfen auf der ganzen Welt ist. Niemand verdächtigte mich, und mein ganzer Plan hing davon ab, denn meine einzige Absicherung gegen Entdeckung bestand darin, auch nur den geringsten Verdacht gegen mich selbst auszuschließen. Wenn mich irgendjemand auch nur flüchtig beachtet hätte, wenn mich ein Polizist nach meinem Namen gefragt hätte, hätte ich nur meinen eigenen nennen können. Daher war es völlig überflüssig, dass die Durchsuchungsbefehle die Tätowierungen auf meinem Arm als Hinweis auf meine Identität so betonten. Wäre die Sache so weit gekommen, hätte das bedeutet, dass der Kampf vorbei war.

Am zweiten Morgen hatte ich kolossales Glück! Ich saß auf dem Dach eines Busses und hinter mir unterhielten sich zwei Geschäftsleute angeregt. Plötzlich verstand ich die Worte „Niederländischer Dampfer – Abfahrt – Tilbury" und von diesem Moment an hörte ich gespannt zu und versuchte, das freudige Klopfen meines Herzens zu unterdrücken. Denn diese sorglosen Herren berichteten nichts Geringeres als die bedeutsame Neuigkeit, dass jeden Morgen um sieben ein schneller niederländischer Dampfer nach Flushing ablegte, der jeden Nachmittag vor den Tilbury Docks vor Anker ging.

Im Handumdrehen war ich aus dem Bus gestiegen. Ich eilte zum Bahnhof Blackfriars und war eine Stunde später in Tilbury. Es war Mittag und die Arbeiter strömten in ihre Gaststätten. Zuerst ging ich zum Fluss hinunter und erkundete die Gegend; aber mein Boot war noch nicht angekommen. Da ich noch etwas Zeit vor mir hatte und sehr hungrig war, ging ich in eines der zahlreichen Gasthäuser, die besonders von Hafenarbeitern besucht wurden. In einem großen Raum saßen hundert von ihnen um lange Tische herum und nahmen riesige Mahlzeiten ein. Ich folgte ihrem Beispiel und erhielt, indem ich 8 Pence hinlegte, einen Teller voll Kartoffeln, Gemüse und einem großen Stück Fleisch. Danach kaufte ich mir ein großes Glas Stout an der Bar, setzte mich mit größter Sorglosigkeit zwischen die Männer und begann mit meinem Abendessen, wobei ich versuchte, die Tischmanieren der Männer um mich herum nachzuahmen, und beinahe scheiterte, als ich versuchte, Erbsen mit Hilfe eines Messers zu zerkleinern.

Mitten in meinem Festmahl fühlte ich plötzlich einen Klaps auf die Schulter. Eisige Schauer liefen mir über den Rücken. Der Wirt stand hinter mir und fragte mich nach meinen Papieren. Ich begriff natürlich, dass er meinen Ausweis meinte und gab alles als verloren auf. Da ich ihn nicht vorzeigen konnte, musste ich ihm folgen und sah zu meinem Schrecken, dass er zum Telefon ging. Ich warf bereits verstohlene Blicke zur Tür und überlegte, wie ich am besten entkommen könnte, als der Wirt, der mich durch die Glastür beobachtet hatte, zurückkam und bemerkte: „Wenn Sie Ihre Papiere vergessen haben, kann ich Ihnen nicht helfen. Übrigens, wie heißen Sie? Und woher kommen Sie?“

„Ich bin George Mine, ein amerikanischer Leichtmatrose von der viermastigen Bark *Ohio* , die stromaufwärts liegt. Ich bin gerade hier angekommen und habe mein Abendessen bezahlt, habe aber natürlich meine Papiere nicht dabei.“

Er bemerkte: „Dies ist ein privater, sozialdemokratischer Club, und nur Mitglieder dürfen hier essen – das sollten Sie doch wissen –, aber wenn Sie Mitglied werden, können Sie so oft kommen, wie Sie möchten.“

Natürlich stimmte ich seinem Vorschlag sofort zu und zahlte drei Schilling Aufnahmegebühr. Ein Stück grellrotes Band wurde durch mein Knopfloch gesteckt und so wurde ich das neueste Mitglied der sozialdemokratischen Gewerkschaft von Tilbury!

Als wäre nichts geschehen, kehrte ich an meinen Tisch zurück und trank zur Stärkung nach dem Schock mein Stout, verließ ihn aber auch bald wieder, da ich, offen gestanden, jeglichen Appetit verloren hatte und kein Appetit mehr auf das Essen hatte.

Ich ging nun zum Flussufer hinunter, warf mich ins Gras, stellte mich schlafen und hielt mit luchsartigen Augen Wache.

Schiff um Schiff fuhr vorbei und meine Erwartungen stiegen mit jeder Minute. Endlich, um 16 Uhr, warf der schnelle holländische Dampfer mit stolzer Haltung den Anker und machte an einer Boje direkt vor mir fest. Mein Glück und meine Freude waren unbeschreiblich, als ich den Schiffsnamen in weiß leuchtenden Buchstaben am Bug las: MECKLENBURG.

Für mich als gebürtiger Mecklenburg-Schweriner hätte es kein besseres Omen geben können. Ich setzte mit einer Fähre nach Gravesend über und beobachtete von dort aus unauffällig den Dampfer. Ich nahm das sorglose Verhalten und den wiegenden Gang des typischen Jack Tar an, die Hände in den Taschen, eine fröhliche Melodie pfeifend, aber Augen und Geist stets wachsam.

Mein Plan war: In der Nacht zur Boje schwimmen, das Tau hochklettern, an Deck kriechen und als blinder Passagier nach Holland gelangen.

Ich habe bald die Grundlage für meine Tätigkeit gefunden.

Nachdem ich mich vergewissert hatte, dass mich niemand beachtete, kletterte ich über einen Haufen Holz und Schutt und versteckte mich unter einigen Brettern, wo ich mehrere Bündel Heu entdeckte. Diese boten mir einen warmen Ruheplatz, den ich in dieser und den folgenden Nächten nutzte.

Gegen Mitternacht verließ ich meinen Unterschlupf. Vorsichtig kletterte ich über die alten Bretter und den Abfall, der auf dem Boden verstreut lag. Der Regen prasselte laut herunter, und obwohl ich mich tagsüber orientiert hatte, war es in der stockfinsteren Nacht fast unmöglich, die beiden Lastkähne zu finden, die ich in der Nähe des Holzstapels gesehen hatte.

Auf allen Vieren kroch ich heran, lauschte mit gespitzten Ohren und versuchte, die umgebende Dunkelheit zu durchdringen, und kam so meinem Ziel näher.

Mit Bestürzen musste ich jedoch feststellen, dass die beiden Lastkähne, die am Tag vollständig untergegangen waren, hoch und trocken lagen. Glücklicherweise trieb am Heck ein kleines Beiboot auf dem Wasser.

Sofort entschlossen wollte ich ins Boot stürmen, doch ehe ich mich versah, fühlte ich, wie mir der Boden unter den Füßen wegrutschte und ich bis zu den Hüften in eine matschige, schleimige, stinkende Masse versank. Ich streckte die Arme aus und konnte mit der linken Hand gerade noch das Brett erreichen, das vom Ufer zum Segelboot führte.

Ich musste meine ganze Kraft aufwenden, um mich von dem Schleim zu befreien, der mir beinahe zum Verhängnis geworden wäre und war völlig erschöpft, als ich mich endlich wieder auf mein Heubett schleppte.

Als am dritten Morgen meiner Flucht die Sonne aufging, war ich bereits zu einer Bank im Gravesend Park zurückgekehrt und beobachtete die *Mecklenburg* , als sie um 7 Uhr morgens ihre Festmacherleinen löste und auf das offene Meer zusteuerte.

Den ganzen Tag und auch später lungerte ich in London herum. Wie so viele andere Taugenichtse beobachtete ich stundenlang von den Brücken aus die Position der neutralen Dampfer, das Be- und Entladen der Ladungen, beobachtete ihren Stand und Fortschritt, um, wenn möglich, einen glücklichen Moment auszunutzen, um an Bord zu kommen.

Ich habe all diese Tage in einigen der schlimmsten Gaststätten des East Ends gespeist. Ich sah so verrufen und schmutzig aus, humpelte oder taumelte oft wie ein Betrunkener herum und hatte einen so idiotischen Blick, dass sich niemand um mich kümmerte. Ich vermied es zu sprechen und beobachtete aufmerksam die Aussprache der Arbeiter und die Art, wie sie ihr Essen bestellten. Bald hatte ich mir eine solche Gewandtheit und Schnelligkeit angeeignet – von meiner unglaublichen Unverschämtheit ganz zu schweigen –, dass ich nicht einmal mehr daran dachte, erwischt zu werden. Am Abend kehrte ich nach Gravesend zurück.

Diesmal lag ein neuer Dampfer im Fluss vor Anker, die *Prinzessin Juliana* .

Ich achtete nun noch mehr auf die Beschaffenheit des Flussufers, um mich vor weiteren Unfällen zu schützen.

Um Mitternacht fand ich mich an der Stelle wieder, die ich mir ausgesucht hatte. Das Ufer war steinig und die Flut ging gerade zurück. Ich zog in aller Stille Jacke, Stiefel und Strümpfe aus, verstaute letztere zusammen mit meiner Uhr, meinem Rasierset usw. in meiner Mütze, setzte sie auf und befestigte sie fest auf meinem Kopf.

Danach versteckte ich die Jacke und die Stiefel unter einem Stein, zog den Ledergürtel, der meine Hose hielt, fest, glitt, so wie ich war, sanft ins Wasser und schwamm in Richtung des Bootes.

Die Nacht war regnerisch und dunkel. Bald konnte ich das Ufer, das ich gerade verlassen hatte, nicht mehr erkennen, konnte aber gerade noch die Umrisse eines vor Anker liegenden Ruderbootes erkennen. Ich machte mich auf den Weg dorthin, konnte aber trotz schrecklicher Anstrengungen nicht näher kommen. Meine Kleider waren durchnässt und wurden immer schwerer, so dass sie mich fast hinabzogen. Meine Kräfte begannen mich zu verlassen, und die Strömung war so stark, dass andere vor Anker liegende Ruderboote wie Phantome an mir vorbeizuschießen schienen. Verzweifelt schwimmend und mit aller Kraftanstrengung versuchte ich, meinen Kopf über Wasser zu halten.

Ich verlor jedoch bald das Bewusstsein, doch als ich wieder zu mir kam, lag ich hoch und trocken auf einigen flachen Steinen, die mit Seetang bedeckt waren.

Das Schicksal hatte es gut mit mir gemeint und führte mich zu den wenigen steinigen Uferabschnitten, wo der Fluss eine scharfe Biegung macht. Dank der rasch zurückgehenden Flut konnte ich mich aus dem Wasser legen.

Zitternd und bebend vor Kälte und Anstrengung stolperte ich am Flussufer entlang und fand nach einer Stunde meine Jacke und meine Stiefel. Danach kletterte ich über meinen Zaun und legte mich mit klappernden Zähnen auf mein Strohlager.

Es regnete immer noch in Strömen und ein eisiger Wind fegte über mich hinweg. Meine einzige Bedeckung bestand aus meiner nassen Jacke und meinen beiden Händen, die ich schützend auf meinem Bauch ausbreitete, um wenigstens die nächsten Tage gesund und munter zu bleiben. Nach zwei Stunden, da ich überhaupt nicht schlafen konnte, stand ich auf und lief umher, um mich ein wenig aufzuwärmen.

Meine nassen Klamotten trockneten erst, als sie ein paar Tage später in Deutschland über den Ofen gehängt wurden! Ich fuhr wieder für einen Tag nach London. Ich hielt mich in mehreren Kirchen auf, wo ich wahrscheinlich den Eindruck erweckte, als würde ich andächtig beten; in Wirklichkeit genoss ich dort gelegentlich ein Nickerchen.

Noch ein Hinweis:

„ VIELFACH ENTFLOHENER FLÜCHTLING

„ *Plüschows Flugzeugflug von Tsing-Tao*

„Mit dem chinesischen Drachen als Hinweis hoffen die Behörden noch, Leutnant Gunther Plüschow von der deutschen Marine aufzuspüren, der am Montag aus Donington Hall geflohen ist. Der Drache ist in orientalischen Farben auf den linken Arm des Flüchtigen tätowiert. Er wurde wahrscheinlich von einem einheimischen Künstler gemalt, denn obwohl Plüschow erst 29 Jahre alt ist, hat er eine abenteuerliche Karriere in der Marine des Kaisers hinter sich.

„Er war in Tsing-Tao, als die Briten und Japaner diese deutsche Festung belagerten. Kurz bevor sie fiel, floh Plüschow mit einem Flugzeug und einige

Wochen später wurde er an Bord eines japanischen Handelsschiffs in Gibraltar gefunden.

„Er wird wahrscheinlich versuchen, als Seemann auf einem neutralen Schiff anzuheuern, das von einem britischen Hafen aus ablegt, und in dieser Hinsicht werden alle Häfen des Landes sehr genau beobachtet. Plüschow ist ein typischer Seemann, etwa 1,68 m groß, mit blondem Haar und frischer Haut. Mit seinem gebrochenen Englisch würde er als Holländer durchgehen. Nichts, was er tun kann, kann den chinesischen Drachen von seinem linken Arm entfernen, und seine Wiedereroberung dürfte nur eine Frage der Zeit sein."

An diesem Tag wäre ich beinahe englischer Soldat geworden. Auf einer der Plattformen, die mitten auf einem öffentlichen Platz errichtet worden waren, sah ich einen Redner stehen, der zu den Leuten sprach – natürlich auf der Suche nach Rekruten. In den leuchtendsten Farben und mit größter Begeisterung schilderte er der aufmerksamen Menge den *Einzug* der siegreichen deutschen Truppen in London. „In den Straßen Londons", sagte er, „wird der Tritt der ‚Hunnen' widerhallen; eure Frauen werden von deutschen Soldaten vergewaltigt und von ihren schmutzigen Stiefeln zertrampelt. Werdet ihr das zulassen, freie Briten?" Ein empörtes „Nein" ertönte als Antwort. „Also gut – kommt und schließt euch jetzt der Armee an!"

Ich erwartete einen allgemeinen Ansturm, denn der Mann hatte höchst eindrucksvoll gesprochen; aber niemand rührte sich, niemand meldete sich freiwillig oder glaubte, dass Kitchener *ihn besonders wollte* . Der Redner fing jetzt wieder von vorne an, aber seine flammenden Worte stießen auf taube Ohren.

Inzwischen gingen englische Rekrutierungsoffiziere durch die Menge. Überall schüttelten die Leute den Kopf. Keiner von Albions tapferen Söhnen ließ sich das gefallen. Plötzlich war ich an der Reihe.

Ein Sergeant, so groß wie ein Laternenpfahl, stand vor mir und betastete die Bizeps meiner Unterarme. Er schien mit seiner Untersuchung sehr zufrieden zu sein, denn er versuchte mich mit allen Mitteln davon zu überzeugen, dass es das Schönste auf der Welt sei, Soldat in Kitcheners Armee zu sein. Ich lehnte ab. „Nein", sagte ich, „das ist völlig unmöglich. Ich bin erst siebzehn."

„Oh, das macht nichts. Wir machen einfach achtzehn daraus, und dann ist alles in Ordnung."

„Nein, wirklich, das ist völlig unmöglich. Außerdem bin ich Amerikaner und habe keine Erlaubnis von meinem Kapitän." Der hartnäckige Kerl zog nun einen Öldruck hervor, auf dem die englischen Uniformen in den grellsten Farben abgebildet waren. Er wollte mich einfach nicht gehen lassen. Um ihn loszuwerden, bat ich ihn, ihn bei mir zu lassen, und versprach, mit meinem Kapitän darüber zu sprechen und ihm am nächsten Tag zu sagen, welche Uniform ich bevorzuge. Es versteht sich von selbst, dass ich diesen Ort immer mit großem Abstand umging.

Ich hatte inzwischen so viel Selbstvertrauen gewonnen, dass ich das Britische Museum betrat, mehrere Gemäldegalerien besuchte und sogar Matineen in Varietés besuchte, ohne dass mir Fragen gestellt wurden. Die hübschen blonden Bediensteten in den Varietés waren besonders freundlich zu mir und schienen Mitleid mit dem armen Matrosen zu haben, der zufällig hereingekommen war. Am meisten amüsierte mich, die Blicke voller Ekel und Verachtung zu sehen, die mir die Damen und jungen Mädchen auf dem Dach der Busse zuwarfen. Wenn sie gewusst hätten, wer neben ihnen saß! Ist es überraschend, dass ich angesichts meiner Nachtarbeit und des nassen und schleimigen Zustands meiner Kleidung nicht süß roch? Am Abend war ich wieder in Gravesend. In dem kleinen Park mit Blick auf die Themse lauschte ich stundenlang ruhig den Klängen einer Militärkapelle. Ich hatte meinen Plan, zum Dampfer zu schwimmen, endgültig aufgegeben, denn ich sah, dass die Entfernung zu groß und die Strömung zu stark war. Ich beschloss daher, unauffällig ein Beiboot zu requirieren, mit dem ich den Dampfer erreichen konnte. Direkt vor mir sah ich eines, das ich für meinen Zweck geeignet hielt, aber es war an einem Kai vertäut, über den Tag und Nacht ein Wachposten Wache hielt. Aber das Risiko musste eingegangen werden. Die Nacht war sehr dunkel, als ich gegen 12 Uhr durch den Park schlich und zur Ufermauer hinaufkroch, die etwa 6 Fuß hoch war. Ich sprang über die Hecke und sah das Boot sanft auf dem Wasser schaukeln. Ich lauschte atemlos. Der Wachposten marschierte auf und ab. Halb schlafend hatte ich meine Stiefel ausgezogen, sie mit den Schnürsenkeln um meinen Hals befestigt und hielt ein offenes Messer zwischen meinen Zähnen. Mit der Heimlichkeit eines Indianers ließ ich mich über die Mauer hinunter und konnte gerade noch mit meinen Zehen die Bordwand des Bootes erreichen. Meine Hände glitten lautlos über den harten Granit, und eine Sekunde später ließ ich mich in das Boot fallen, wo ich mich in eine Ecke kauerte und mit atemloser Aufmerksamkeit lauschte; aber mein Wachposten schritt unter den hellen Bogenlampen ungestört auf und ab. Mein Boot lag glücklicherweise im Schatten.

Meine durch TBD-Übungen geschulten Augen sahen trotz der stockfinsteren Nacht fast so gut wie am Tage. Vorsichtig tastete ich nach den Rudern. Verdammt! Sie waren mit einem Vorhängeschloss gesichert! Zum Glück lag die Kette lose, und lautlos löste ich erst den Bootshaken, dann ein Ruder nach dem anderen von der Kette. Mein Messer sägte nun die beiden Seile durch, die das Boot an der Wand hielten, und ich tauchte meine Ruder geräuschlos ins Wasser und trieb mein kleines Boot vorwärts.

Als ich ins Boot gestiegen war, hatte es schon eine Menge Wasser aufgenommen. Nun bemerkte ich zu meinem Entsetzen, dass das Wasser schnell anstieg. Es schwappte bereits gegen die Ducht, und das Boot wurde immer schwerer zu handhaben, je schwerer es wurde. Verzweifelt warf ich mich in die Ruder. Plötzlich, mit einem knirschenden Geräusch, setzte der Kiel auf und das Boot lag unbeweglich da. Jetzt half nichts mehr, weder Ziehen noch Rudern, noch der Einsatz des Bootshakens. Das Boot wollte einfach nicht mehr von der Stelle kommen. Sehr schnell sank das Wasser um es herum, und nach ein paar Minuten saß ich trocken im Schlamm, aber dafür war das Boot randvoll mit Wasser. Noch nie in meinem Leben hatte ich einen solchen Wechsel des Wasserspiegels durch die Flut erlebt. Obwohl die Themse in dieser Hinsicht wohlbekannt ist, hätte ich das nie für möglich gehalten.

In diesem Moment befand ich mich in der kritischsten Lage meiner Flucht. Ich war von allen Seiten von matschigem, stinkendem Schleim umgeben, dessen Bekanntschaft ich zwei Abende zuvor unter Einsatz meines Lebens gemacht hatte. Allein der Gedanke daran ließ mich schaudern. Etwa 200 Meter entfernt marschierte der Wachposten auf und ab, und ich befand mich mit meinem Boot 15 Fuß von der 6 Fuß hohen Granitwand entfernt.

Ich saß da und dachte gelassen nach. Eines schien absolut notwendig: Die Engländer würden mich dort nicht finden, denn sie hätten mich wie einen tollwütigen Hund umgebracht.

Aber das Wasser sollte erst am nächsten Nachmittag steigen. Also musste ich meine ganze Kraft zusammennehmen, die Zähne zusammenbeißen und versuchen, dem Schlamm Herr zu werden. Ich zog meine Strümpfe aus, krempelte meine Hose so weit hoch wie möglich, legte dann Ruder und Ruder dicht nebeneinander auf den brodelnden und gurgelnden Schlamm, benutzte den Bootshaken als Sprungstange, indem ich seine Spitze auf ein Brett legte, stellte mich auf die Bordwand und sprang mit aller Kraft in die Höhe – lag aber leider im nächsten Moment drei Fuß vor der Mauer und sank bis übers Knie in den klammen Matsch, berührte dabei jedoch den harten Boden. Nun arbeitete ich mich an der Mauer entlang, legte meinen Bootshaken als Kletterstange dagegen und befand mich in wenigen Sekunden oben, worauf ich in das Gras des Parks glitt, wo ich ein paar Stunden zuvor der Musik gelauscht hatte. Um mich herum herrschte ungebrochene Stille. Eine unsagbare Erleichterung durchströmte mich, denn niemand, nicht einmal der Wachposten, hatte etwas bemerkt.

Mit großem Unbehagen betrachtete ich meine Beine. Sie waren mit einer dicken, grauen, übelriechenden Masse bedeckt, und es war kein Wasser in der Nähe, um sie zu reinigen. Aber es war unmöglich, Stiefel oder Strümpfe anzuziehen, während sie sich in diesem Zustand befanden. Mit unendlicher Mühe gelang es mir, den Schmutz so weit wie möglich abzukratzen, und wartete, bis der Rest getrocknet war; erst dann konnte ich wieder ein einigermaßen anständiges Aussehen erlangen.

Mein erster Plan war gescheitert, aber trotzdem hatte ich das Gefühl, so viel Glück gehabt zu haben, dass ich bereit war, ein zweites Wagnis einzugehen.

Ich machte mich nun auf den Weg zur kleinen Brücke, die von meinem Wachposten bewacht wurde, und taumelte, einen betrunkenen Matrosen nachahmend, bis ich sanft mit dem guten Kerl zusammenstieß. Er schien jedoch an solche Vorkommnisse gewöhnt zu sein, denn er bemerkte freundlich: „Hallo, alter Jack! Ein Whisky zu viel!", klopfte mir auf die Schulter und ließ mich passieren.

Hundert Meter weiter hatte ich meine normale Haltung wiedererlangt. Nach kurzer Suche fand ich die Stelle, von der ich am Abend zuvor zu meinem unglücklichen Schwimmversuch aufgebrochen war.

Es war etwa zwei Uhr morgens, und im Nu hatte ich mich ausgezogen und sprang, beweglich und ungehindert – wie Gott mich geschaffen hatte – ins Wasser. Zum ersten Mal war der Himmel mit Wolken bedeckt, und die Umrisse der Ruderboote, die etwa 200 Meter vom Ufer entfernt vor Anker lagen, erschienen verschwommen und schattenhaft. Das Wasser war ganz ungewöhnlich phosphoreszierend, und ich habe es in diesem Ausmaß nur in den Tropen beobachtet. Ich schwamm daher in einem Meer aus Gold und Silber. Zu jeder anderen Zeit hätte ich dieses Schauspiel der Natur ungemein bewundert, aber jetzt hatte ich nur Angst, dass mein Körper in diesem klaren, goldenen Licht verdächtig weiß aufblitzen würde. Am Anfang ging alles gut. Aber sobald ich die linke Biegung des Flusses passiert hatte, wo das Ufer etwas Schutz bot, wurde ich von der Strömung erfasst und musste mit den Wasserelementen um mein Leben kämpfen. Als meine Kräfte schwanden, erreichte ich das erste Boot, machte eine letzte Anstrengung und hievte mich geräuschvoll hinein. O Verfolgung eines unbarmherzigen Schicksals! Das Boot war leer – kein Ruder, kein Bootshaken, mit dem ich es hätte in Bewegung setzen können. Nach einer kurzen Pause glitt ich wieder ins Wasser und trieb auf das nächste Boot zu. Und auch dieses war leer! Und dasselbe geschah mit den drei nächsten. Und als ich das letzte erreichte, tauchte ich, nachdem ich mich ein wenig ausgeruht hatte, wieder in das glitzernde, aber jetzt unangenehm kalte Wasser. Zwei Stunden, nachdem ich mein Abenteuer begonnen hatte, erreichte ich wieder den Ort, an dem ich meine Kleider zurückgelassen hatte.

Da ich vor Kälte und Kälte wie Espenlaub zitterte, fiel es mir besonders schwer, in meine durchnässte und klebrige Kleidung zu schlüpfen.

Eine halbe Stunde später war ich wieder in meinem Schlafplatz im Heu und begann, ernsthaft an der Existenz meines Glückssterns zu zweifeln!

Könnte man es mir verdenken, wenn meine Stimmung ein wenig nachließ und ich meinen Interessen gegenüber völlig gleichgültig wurde? Ich gestehe, ich war so entmutigt, dass ich am nächsten Morgen nicht genügend Kraft fand, mein Versteck rechtzeitig zu verlassen, und erst über meinen Zaun entkam, nachdem der Besitzer des Holzstapels mehrere Male dicht an meinem Versteck vorbeigegangen war. An diesem Tag ging ich zu Fuß von Gravesend nach London und kehrte auf der anderen Seite der Themse nach Tilbury zurück. All dies, um ein Boot zu finden, das ich unbemerkt stehlen konnte. Es war völlig unglaublich, dass mir das nicht gelang; mehrere lagen dort, als ob sie auf mich warteten; aber sie wurden nur zu gut bewacht. Ich gab es verzweifelt auf.

An diesem Abend ging ich in ein Varieté, mit der festen Absicht, mein letztes Pfund auszugeben, dann alles auf eine Karte zu setzen und zu versuchen, zu den Docks zu gelangen und mich dort auf einem neutralen Dampfer zu verstecken. Und wenn dieser Plan fehlschlug – wie es bei Trefftz der Fall war –, beschloss ich, mich der Polizei zu stellen.

Ich stand in der oberen Galerie der größten Music Hall Londons und sah mir die Vorstellung an. Eine innere Stimme flüsterte mir zu: „Dein Platz ist in Gravesend, wo du an deiner Flucht arbeitest. Deine Pflicht ist es, diese Trägheit abzuschütteln, sonst bist du es nicht wert, ein deutscher Seemann zu sein!"

Tableaux Vivants sah , Szenen aus den Schützengräben und Allegorien des kommenden Sieges und Friedens, in denen die Deutschen natürlich als fliehende und besiegte Figuren dargestellt wurden, und als schließlich im Hauptbild Britannia erschien - eine strahlende Gestalt mit der Siegespalme in der Hand und einem feldgrauen deutschen Soldaten, der ausgestreckt unter ihrem rechten Fuß lag -, fühlte ich mich von einer Flamme gerechten Zorns verzehrt, und trotz der heftigen Proteste meiner Nachbarn floh ich aus dem Theater und konnte den letzten Zug nach Tilbury erreichen.

Erst dann fühlte ich mich wieder glücklich. Und ich war mir jetzt so sicher, dass mein Plan aufgehen würde, dass kein Raum für Zweifel blieb.

Nachdem ich die ersten Fischerhütten von Gravesend passiert hatte, fand ich ein kleines Ruderboot. Ich nahm es mit. Mitten im Fluss, gleich neben der Anlegestelle der Fischerboote, schaukelte ein kleines Dingi auf dem Wasser. Keine zwanzig Fuß entfernt saßen ihre Besitzer auf einer Bank und waren so in zärtliches Flirten mit ihren Schönen vertieft, dass die guten Seeleute mein Erscheinen auf der Szenerie nicht beachteten.

Es war riskant, aber „Wer nicht wagt, der nicht gewinnt", murmelte ich vor mich hin. Und dank meiner erworbenen Fertigkeit kroch ich lautlos ins Boot – ein scharfer Schnitt und die winzige Nussschale glitt sanft neben einem Fischerboot her, auf dessen Achterdeck eine Frau ihr Baby in den Schlaf wiegte.

Da das Boot keine Dollen hatte, setzte ich mich nach achtern und stieß mich mit aller Kraft vom Ufer ab. Ich hatte jedoch kaum ein Drittel der Strecke zurückgelegt, als mich die Ebbe in ihrem Wirbel erfasste, mein Boot wie einen Kreisel herumwirbelte und alle meine Steueranstrengungen lähmte. Es war an der Zeit, meine seelische Leistungsfähigkeit unter Beweis zu stellen. Mit eiserner Faust erlangte ich die Kontrolle über das Boot zurück und steuerte, mit der Flut treibend, einen Kurs stromabwärts. Ein gefährlicher Moment stand bevor. Eine imposante militärische Pontonbrücke, die sich über den Fluss erstreckte und von Soldaten bewacht wurde, kreuzte meinen Weg. Ich rief kühle Entschlossenheit und scharfe Aufmerksamkeit zu meiner Hilfe auf, blickte geradeaus und konzentrierte mich nur auf mein Skull, ignorierte die Aufforderung des Wachpostens und schoss zwischen den beiden Pontons hindurch. Wenige Sekunden später erlitt das Boot einen schweren Stoß und ich stolperte auf das Ankerkabel eines mächtigen Kohlentenders. Blitzschnell schleuderte ich meine Fangleine darum herum, und das gerade noch rechtzeitig, denn das Boot wäre beinahe gekentert. Aber ich war in Sicherheit. Das Wasser wirbelte wild daran vorbei, da die Ebbe, verstärkt durch den Rückgang des Flusses, vollständig eingesetzt haben musste. Jetzt musste ich nur noch geduldig warten.

**GUNTHER PLÜSCHOW IN DER VERKLEIDUNG EINES
HAFENARBEITERS, IN DER ER FLUCHTE**

Mein Dampfer lag an Steuerbord. Ich wollte abwarten, bis die Flut mir die Überfahrt ermöglichte.

Ich sprudelte schon vor Selbstsicherheit, als der nötige Dämpfer verabreicht wurde. Die Dämmerung brach an, die Umrisse der vor Anker liegenden Schiffe wurden immer deutlicher. Endlich ging die Sonne auf, und noch immer strömte das Wasser so stark zurück, dass an eine Flucht nicht einmal zu denken war. Jedenfalls war es unmöglich, meine Flucht jetzt gerade durchzuführen. Doch endlich, glücklich im Besitz des lang ersehnten Bootes, glitt ich flussabwärts und legte nach einer Stunde an einer alten, verfallenen Brücke am rechten Themseufer an. Ich schob mein Boot darunter, nahm vorsichtshalber beide Ruder mit und versteckte sie im hohen Gras. Dann legte ich mich dicht neben sie und sah um acht Uhr meinen Dampfer, die Mecklenburg , stolz vor meinen Augen verschwinden. Meine Geduld musste noch eine schwere Probe bestehen. Die nächsten sechzehn Stunden blieb ich im Gras liegen, bis um acht Uhr abends die Stunde meiner Erlösung schlug.

Ich bestieg mein Boot wieder. Vorsichtig ließ ich mich von der Flut stromaufwärts treiben und machte mein Boot an demselben Kohlentender fest, in dessen Nähe ich in der Nacht zuvor gestrandet war. Quer zu mir lag die *Prinzessin Juliana* , an ihrer Boje vertäut.

Da ich noch Zeit hatte, legte ich mich auf den Boden meines Bootes und versuchte, ein Nickerchen zu machen, aber vergebens. Die Flut stieg und ich war wieder einmal von dem rauschenden Wasser umgeben.

Um Mitternacht war alles still um mich, und als um ein Uhr das Boot ruhig auf der Strömung schaukelte, warf ich die Leinen los, setzte mich in meinem Boot auf und ruderte, so gelassen, als wäre ich Teilnehmer einer Sonntagsgesellschaft im Kieler Hafen, zum Dampfer.

Unbemerkt erreichte ich die Boje. Hoch über mir ragte der schwarze Rumpf meines Dampfers auf. Ein kräftiger Ruck – und ich war auf der Boje. Mit einem kräftigen Tritt verabschiedete ich mich nun von meinem treuen Schwan, der ihn mit einsetzender Ebbe stromabwärts schleuderte. Die nächsten Minuten lag ich mäuschenstill. Dann kletterte ich mit eiserner Gelassenheit – und diesmal wie eine Katze – das mächtige Stahlkabel zur Klüse. Vorsichtig beugte ich den Kopf über die Reling und spähte umher. Das Vorschiff war leer.

Ich richtete mich ruckartig auf und stand auf dem Deck.

KAPITEL XV

Der blinde Passagier

Ich schlich nun über das Deck zur Ankerwinde und versteckte mich im Ölspeicher unter der Ankerwinde.

Da alles ruhig blieb und keine Menschenseele zu sehen war, kletterte ich aus meiner Nische, zog meine Stiefel aus und verstaute sie unter einem Holzstapel in einer Ecke des Vordecks. In Strümpfen machte ich mich nun auf die Suche. Als ich von einer Ecke hinter dem Vordeck auf das Frachtdeck hinunterblickte, taumelte ich plötzlich zurück. Atemlos, aber ohne mit der Wimper zu zucken, blieb ich am Ventilator lehnen. Unten auf dem Frachtdeck standen zwei Wachen, die starr nach oben starrten.

Nachdem ich über eine halbe Stunde in dieser verkrampften Stellung verharrt hatte und meine Knie anfingen nachzugeben, stolperten zwei Stewardessen aus dem Mitteldeck. Sie kamen offenbar vom Nachtdienst. Meine beiden Wachposten nutzten sofort die günstige Gelegenheit und waren so in ihr Gespräch vertieft, dass sie dem Geschehen um sie herum keine Aufmerksamkeit mehr schenkten.

Die Dämmerung brach an und ich musste sofort handeln, wenn ich nicht alles, was ich erreicht hatte, um einen solchen Preis verlieren wollte.

Ich ließ mich an der den beiden Liebespaaren gegenüberliegenden Seite des Vordecks entlang der Theke hinunter und landete auf dem Frachtdeck. Ohne einen Augenblick innezuhalten, stieg ich sanft aus, glitt an den beiden Wachen vorbei, erreichte sicher das Promenadendeck, kletterte einen Deckpfeiler hinauf und befand mich kurz darauf auf der Außenseite eines Rettungsbootes.

Mit einer Hand hielt ich mich mit eiserner Faust fest, denn die Themse plätscherte keine zwölf Meter entfernt hungrig an mir vorbei, mit der anderen riss ich, auf die Zähne gestützt, einige Bänder der Bootsplane auf, kroch mit letzter Kraftanstrengung durch den kleinen Spalt hindurch und duckte mich, gut verborgen vor neugierigen Blicken, ins Innere des Bootes.

Und dann war ich natürlich am Ende meiner Kräfte. Die ungeheuren körperlichen Anstrengungen, die große Erregung und nicht zuletzt mein Heißhunger streckten mich flach auf den Brettern des Bootes aus, und im selben Moment wusste ich nicht mehr, was um mich herum geschah.

KAPITEL XVI

DER WEG ZUR FREIHEIT

SCHRILLE Sirenentöne weckten mich aus einem Schlaf, der in seiner Traumlosigkeit dem Tod glich.

Vorsichtig löste ich die Bänder meiner Bootsabdeckung und unterdrückte mit Mühe ein „Hurra!", denn der Dampfer lief in den Hafen von Vlissingen ein.

Nichts war mehr wichtig. Ich zog mein Messer heraus und riss mit einem Schlag die Bootsabdeckung von einem Ende zum anderen auf; dieses Mal jedoch auf der Deckseite.

Mit einem tiefen Atemzug stand ich in der Mitte des Bootsdecks und erwartete, jeden Moment gefangen genommen zu werden.

Doch um mich kümmerte sich niemand. Die Besatzung war mit Landemanövern beschäftigt, die Reisenden mit ihrem Gepäck.

Ich stieg nun zum Promenadendeck hinab, wo mich mehrere Passagiere empört wegen meines ungepflegten Äußeren und meiner zerrissenen blauen Strümpfe musterten, die, das muss ich sagen, alles andere als zierlich aussahen.

Doch meine Augen müssen so vor Glück gestrahlt haben und auf meinen schmutzigen, ausgemergelten Zügen muss sich eine solche Freude abgezeichnet haben, dass so manche Frau mich überrascht ansah.

So konnte ich nicht mehr herumlaufen. Ich begab mich daher auf das Vorderdeck, holte meine Stiefel (meine besten Hockeystiefel, freundliche Geschenke der Engländer), und obwohl mich ein holländischer Matrose rüde in die Luft blies, zog ich ruhig meine geliebten Stiefel an und schlenderte zur Gangway.

Der Dampfer hatte direkt an der Pier festgemacht.

Die Passagiere verließen das Schiff und verabschiedeten sich vom Kapitän und den Schiffsoffizieren. Zuerst hatte ich vorgehabt, mich beim Kapitän zu melden, um Ärger mit der niederländischen Dampfschifffahrtsgesellschaft zu vermeiden. Doch klügere Ratschläge setzten sich durch, und mit den Händen in den Taschen schlich ich, so unauffällig wie möglich, die Gangway hinunter.

Da mich niemand beachtete, gab ich mich als Schiffsbesatzung aus und half sogar, die Taue festzumachen. Dann mischte ich mich unter die Menge, und während die Passagiere einer strengen Kontrolle unterzogen wurden, sah ich mich um und entdeckte in der Nähe der Reling eine Tür, auf der in großen Buchstaben „Ausgang verboten" stand.

Dort lag sicherlich der Weg zur Freiheit! Im Handumdrehen überwand ich dieses kindlich leichte Hindernis und stand draußen.

Ich war frei!

Ich musste die größte Anstrengung meines Lebens aufbringen, um nicht wie ein Wahnsinniger herumzuspringen. Zwei meiner Landsleute hießen mich herzlich willkommen, obwohl sie nicht glauben wollten, dass ich ein Offizier war und vor allem, dass es mir gelungen war, aus England zu fliehen.

Wie schrecklich das Wasser in meinem Bad aussah!

Ich habe an diesem Abend auch genug für drei gegessen.

Nachdem ich am nächsten Tag ein paar Kleinigkeiten des täglichen Bedarfs eingekauft hatte, bestieg ich in Arbeitskleidung einen Bummelzug nach Deutschland.

Als der Zug losfahren wollte, kam ein Mann von hinten auf mich zu, tippte mir auf die Schulter (wie sehr ich diese Art der Begrüßung hasste!) und fragte mich: „Wo sind Ihre Papiere?"

„Wer bist du überhaupt?", sagte ich.

„Ich bin vom Geheimdienst."

„Das kann jeder sagen."

„Natürlich, Sir. Aber hier ist meine Dienstmarke."

Einen Moment lang war mir schwindlig. Ich erklärte diesem Herrn sehr höflich, dass ich keine Papiere besäße, auf dem Rückweg nach Deutschland sei und der niederländischen Regierung keine Schwierigkeiten bereiten würde.

„Also", bemerkte er, „Sie kommen aus England und haben keine Papiere? Das war wohl ein bisschen schwierig?"

„Ja, eher!", sagte ich.

„Also, ich wünsche Ihnen weiterhin eine angenehme Reise."

Wir schüttelten uns die Hände, als der Zug abfuhr.

KAPITEL XVII

ZURÜCK INS VATERLAND!

Ich konnte überhaupt nicht lange still sitzen. Allein in meinem Erste-Klasse-Abteil überwältigten mich die Gedanken und Hoffnungen, die mir durch den Kopf rasten. Ich rannte in meinem Eisenbahnwaggon umher wie ein wildes Tier im Käfig.

Endlich! Endlich! Es kam mir wie eine Ewigkeit vor; langsam überquerte der Zug die deutsche Grenze.

Der schwarz-weiße Pfosten fiel mir ins Auge und ich lehnte mich aus dem Fenster und rief zweimal freudig „Hurra!".

Doch das dritte „Hurra!" blieb mir im Halse stecken, denn ich schluchzte laut, hingerissen von Dankbarkeit, Glück und Entzücken, und konnte die Tränen nicht zurückhalten, die mir aus den Augen strömten.

War das Schlamperei?

Der Zug hielt in Goch. Die ersten Feldgrauen, die ich je in meinem Leben gesehen hatte, standen auf dem Bahnsteig, als ich unvorsichtig aus dem Zug sprang.

Ein harter Griff packte mich am Kragen, und ein riesiger preußischer Kavalleriefeldwebel mit grimmigen Augen unter einem glänzenden Helm hielt mich in seiner eisernen Faust.

„Ha! Jetzt haben wir den jungen Schlingel!"

Gerne wäre ich meinem lieben „Feldgrauen" um den Hals gefallen, denn noch nie in meinem Leben hatte ich mich sicherer gefühlt als in diesem Augenblick.

Ich versuchte zu erklären, wer ich war, doch die einzige Antwort, die ich bekam, war ein Lächeln, das für jeden anderen kaum ein Trost gewesen wäre.

Zwei tapfere Landsturmveteranen führten mich am nächsten Morgen verhaftet nach Wesel.

Es war noch niemand im Büro, um mich zu verhören. Kleine Jungen waren mir gefolgt, warfen Steine und schrien: „Sie haben ihn, sie haben ihn – den Spion!" Die süßen kleinen blonden Köpfe!

Ein Pfleger empfing mich!

„Setzen Sie sich, Sie da. Mit Leuten wie Ihnen verlieren wir nicht viel Zeit. Wenn der Herr Kapitänleutnant F. kommt, noch eine kurze Untersuchung, und dann geht's ab in die Luft."

Nach einiger Zeit erschien der Furchtbare, natürlich ein Kamerad von mir. Unbeschreibliches Erstaunen und Freude! Aber das dumme Gesicht meines liebenswürdigen Ordonnanzoffiziers war eine Augenweide. Er musste sofort loslaufen und mir mein Frühstück holen.

Eine besondere Genugtuung bereitete mir noch in Wesel die Lektüre eines englischen Haftbefehls in der *Daily Mail* vom 12. Juli, als ich bereits in Sicherheit war. Darin endete die Meldung, dass ich wahrscheinlich als Seemann auf einem neutralen Dampfer zu fliehen versuchen würde, und dass:

„Seine Wiederergreifung dürfte nur eine Frage der Zeit sein."

Eine Stunde später saß ich, noch immer in meiner Arbeitskleidung, mit einem Reisepass in der Tasche, im Berlin-Express – natürlich erster Klasse!

Endlich hatte ich mein Ziel erreicht! Fast neun Monate hatte ich gebraucht, um von Tsingtau nach Deutschland durchzudringen.

Deutschland, oh mein geliebtes Land! Zu dir bin ich zurückgekehrt!

Am 13. Juli 1915 schien die Sonne strahlend und meine erfreuten Augen betrachteten die wunderschönen Bilder meiner Landschaft.

Ich hatte mich allein in meinem Erste-Klasse-Wagen niedergelassen, meine Sachen zu beiden Seiten des Fensters ausgebreitet und begonnen, meinen Bericht mit Bleistift niederzuschreiben.

In Münster betrat ein alter General in voller Uniform mein Abteil. Ich stand höflich auf, machte einen Platz frei und sagte: „Darf ich Eurer Exzellenz diesen Platz in aller Bescheidenheit zur Verfügung stellen?"

Ein wütender Blick aus seinen harten Augen, ein empörtes Knurren „Brrrr", und die Tür schlug zu. Ich war allein.

Sollte dieses Büchlein durch Zufall in die Hände Seiner Exzellenz fallen, so möge es mir verziehen werden, dass ich bei meiner Ansprache an ihn vergaß, welche Kleidung ich zu diesem Zeitpunkt trug.

Um sieben Uhr abends fuhr der Zug in den Bahnhof Zoo ein.

Ein Paar wundervoller blauer Augen, in Tränen schwimmend, ein herrlicher Strauß purpurner Rosen und unfähig, ein Wort hervorzubringen vor lauter Glück und Wiedersehensfreude, verließen wir den Bahnhof.

Die nächsten Tage verbrachte ich wie im Traum. Als ich die Admiralität betrat, ließ mich der Portier natürlich nicht hinein; und auch in den großen

Läden, wo ich in Windeseile einkaufen musste, weil ich nichts als meine Arbeitskleidung hatte, waren die Portiers darauf aus, mich hinauszuwerfen.

Ich arbeitete nur wenige Tage im Reichsmarineministerium und erhielt dann den Dank meines Kaisers.

Und mit dem Eisernen Kreuz Erster Klasse ging ich stolz heim zu meinem Volk.

Nach ein paar Wochen Ruhe erhielt ich meine größte Belohnung.

Ich wurde wieder ein „Flieger" und durfte am großen Werk des deutschen Kampfes und Sieges mitwirken.

Und als mein überaus gnädiger Kaiser und Herr an der Ostfront die unter meinem Kommando stehende Marinefliegerstation inspizierte, mir die Hand schüttelte und mir persönlich seine kaiserliche Zufriedenheit ausdrückte, blickte ich ihm direkt in die Augen, und in brennenden, in mein Herz eingravierten Buchstaben stand:

„ MIT GOTT FÜR KAISER UND VATERLAND. "

DAS ENDE

9 789359 944517